CHISTES
Para Niños

NICKY SANTINI

CHISTES Para Niños

SELECTOR
actualidad editorial

CHISTES PARA NIÑOS

D.R. © 1992, Selector, S.A. de C.V.
Mier y Pesado 128, Col. del Valle, 03100 México, D.F.

Portada e ilustraciones: Enrique Bretón Salinas

ISBN-13:978-968-403-633-8
ISBN-10:968-403-633-7

Trigésima quinta reimpresión. Enero de 2008.

De animales

A la hora de clases, Paco le pregunta a Toño:

—¿Tú sabes cuál es el animal que más se parece al elefante?

—No, Paquito, ¿cuál?

—Pues el hijo del elefante.

De tragones

Una niña muy gordita iba pasando frente a otras, y una de ellas dice:

—¡Miren esa niña qué gordita está!

—Es verdad, ¿y por qué estará tan gordita?

—Es que no ha de comer hasta que se llena, sino hasta que se cansa.

De pericos

Dos pericos estaban en su jaula y uno de ellos pregunta:

—Oye, Jacinto, ¿ya sabes cuál es el animal que también es fruta?

—No, Cotorrín, ¿cuál es?

—El sapo, porque cuando crece se convierte en zapote.

Entre bebés

Dos bebés se hallaban en su cuna platicando:

—Oye, Bebito, ¿sabes qué le dijo una angina a la otra?

—No, Babitas, ¿qué le dijo?

—¡Arréglate porque nos va a sacar el doctor!

Y siguen los bebés....

Ahora Bebito es el que pregunta:

—Y tú, Babitas, ¿puedes decirme por qué los camellos no pueden hacer pipí?

—No, ¿por qué?

—Porque no tienen claxon.

En la clase

La maestra daba la clase de historia y pregunta al niño más listo:

—Dime, Beto, ¿cómo murió Cristóbal Colón?

—¡Hecho pedazos, maestra!

—¿En dónde leíste esa tontería?

—Mi libro lo dice: "Cristóbal Colón, su vida en 20 partes".

La madrina

Llega la madrina de Jovan a visitarlo y le pregunta:

—¿Y cómo está el gatito que te regalé, Jovancito?

—Se cayó al agua y murió...

—¡Pobre!, ¿y murió porque se mojó?

—No, murió porque lo exprimí.

Exigente

Después de un viaje regresa papá a casa y pregunta a mamá:

—¿Dónde está la perrita que te traje cuando me fui?

—La eché a la calle porque estaba muy fea.

—¡Ay, mujer!, yo te la di para que ladrara, no para un concurso de belleza.

En el mercado

Una señora que andaba de compras en el mercado ve unas aves y pregunta:

—¿Cuánto vale este canario, señor?

—Veinte mil pesos, señora.

—¿Y la cacatúa?

—La caca mía no la vendo.

De extraterrestres

Baja una nave del espacio, sale de ella un hombrecillo verde y le dice al primero que se encuentra:

—¡Yo soy marciano!

—¡Mucho gusto!, yo soy Marcelo.

En la escuela

Durante el recreo, un niño le grita a su compañero:

—¡Eres un tonto, Paco!

—¿Tú crees, Toñito?

—Sí, eres tan tonto, que si hubiera un concurso de tontos...

—Lo perdía, ¿verdad?

—No, lo ganabas por tonto.

Uno de policías

Llega el sargento con su comandante y le dice:

—Mi jefe, con la novedad de que el preso ya

se escapó.

—¡Cómo de que se escapó! ¿No te dije que vigilaras la puerta?

—Sí, pero él se escapó por la ventana.

Cuento africano

Un niño africano llega corriendo y le dice a su mamá Tolonga:

—¡Mamá, mamacita, el coco se llevó a mi papá!

—¿Cuál coco, niño tonto?

—¡El cocodrilo!

Los compadres

—Oiga, compadre, ¿es verdad que su perro come con la cola?

—Sí, compadrito, nunca se la quita para comer.

Futbol

Los niños jugaban futbol y uno que observaba comenta a otro:

—¿Tú sabes que para jugar futbol hacen falta dos bolas?

—¡Cómo que dos! Sólo se necesita una....

—No, dos: la bola para patear y la bola de mensos.

¡Al suelo!

—¿Sabes el chiste del ratero que se cayó de una azotea?

—No, ¿cuál es?

—Pues el ratero se cayó y mientras caía, gritaba: ¡Agárrenme que soy ratero!

El caballo inteligente

—Oye, caballo, ¿por qué mueves la cola?

—Porque la cola no puede moverme a mí.

La gallina y el gallo

—Oye, querido gallo, salió el sol y no cantaste, ¿por qué?

—Porque amanecí muy ronco, gallina.

El maestro de las preguntas capciosas

—A ver, niños, ¿qué es una manguera?

—¡Una manguera es una señora que vende mangos!

Otro igual

—...¿Y una caldera?

—Caldera es la que vende caldos.

Y le seguimos...

—¿Y cementerio?

—Cementerio es donde hacen el cemento.

Otra broma más...

—¿Y entonces un buzón qué será?

—Pues un buzón es un estacionamiento para buzos.

Bondadoso

El abuelito pregunta al niño:

—¿Qué hiciste con los mil pesos que te regalé?

—Se los di a un señor que gritaba...

—¡Qué niño más bueno tengo! ¿Y qué gritaba, hijito?

—¡Muéganos, merengues...!

En la gasolinería

—Les falta aire a sus llantas, señor.

—Sí, pero nomás de abajo.

Tránsito

—¡Cuántos carros están pasando! ¿Cómo le harían aquellas personas para cruzar?

—No cruzaron nunca, nacieron de aquel lado.

El borrachito

Un borrachito es llevado a la cárcel y el juez le pregunta:

—Dime tu edad, tu ocupación y tu domicilio.

—¡Uy, señor juez, siempre que vengo me pregunta lo mismo!

A grandes males...

—Fíjate que mi abuelito dejó de fumar, pero ahora le duele el pecho cuando respira.

—¿Y qué dijo el doctor?

—Dijo que deje también de respirar.

La comidita

Se acerca el mesero y le pregunta al niño:

—¿Cómo encontraste tu bistecito, nene?

—Lo encontré con mucho trabajo, abajo de una papita.

Limosna e inflación

Venía un señor caminando, cuando un limosnero le suplica:

—Señor, por favor déme una limosnita de veinte mil pesos...

—¿Veinte mil pesos de limosna?

—Sí, es que la vida está muy cara.

Parte militar

—¡Atención, soldados! El general quiere saber cómo está la comida.

—Pues la sopa está marcando el paso, las papas desplegadas, la carne en retirada y los frijoles avanzando.

Uno de alumnos

Regresa el profesor a su clase y al ver que los niños pelean les dice:

—¡Niños, esténse quietos ya! ¿A qué hora empezó este pleito?

—A la hora que nos dejó solos, profesor.

Justicia

—¿Por qué ahorcarían a ese señor?

—Por grosero, ¿no ves que está sacando la lengua?

Indiscreto

Una vecina se encuentra a Quique en la calle y le pregunta:

—¿Es verdad que en tu casa viven como las flores?

—Sí, señora, ¡a pura agua!

Prueba de matemáticas

—A ver, niño, contéstame rápido: ¿Uno más uno?

—¡Tres, profesor!

—¿Cómo que tres?; son dos.

—Bueno, ¿quiere que le conteste rápida o correctamente?

Aseado

—¿Por qué no quieren que juegue con ustedes?

—Porque hueles muy feo, deberías bañarte.

—Yo me baño todos los días.

—Pues entonces ya cambia el agua.

Otro parecido

—¿Y en tu rancho cómo se bañan si no hay agua?

—Nos bañamos con agua de lluvia.

—¡Con razón hueles a rayos...!

Y seguimos con el aseo

—¿A ti te gusta cantar?

—Bueno, solamente cuando me baño canto.

—Pues habías de cantar todos los días.

Niñas

—¡Qué bonitos ojos tienes, Lulú, ¿de dónde los sacaste?

—Venían con el resto de mi cara, tonto.

Recado

Un niño dejó a su mamá el siguiente recado:

"Mamacita, fui a comer a casa de Jaimito, si no regreso a las seis, es que también me quedé a cenar".

Pregunta

Un policía encuentra a un niño y le pregunta:

—¿Y cómo se llama tu papá?

—Pues su nombre empieza con "M".

—¿Con "M"? ¿Manuel, Miguel o Mateo?

—No, con "eme"... Emeterio.

Bala perdida

—¿Es verdad que a tu abuelito lo mató una bala perdida?

—No, se la encontraron en el estómago.

Pordiosero

—Por favor, señor, déme una limosna, necesito dinero para mis hijos...

—¡Cínico!, ¿cómo se atreve a pedir limosna, andando en carro?

—Bueno, ando en carro porque tengo prisa.

Papá bueno

—¿Es verdad que tu papá está en la cárcel?

—Sí, pero no sé por qué, si es muy bueno; todo lo que roba se lo lleva a mi mamá.

Por flojo

Un niño es expulsado de la escuela y pregunta:

—¿Pero por qué me expulsa, profesor, si no hice nada?

—Así es, no hiciste nada, absolutamente nada, ni siquiera la tarea en un mes.

Cinematográfico

—Señor productor, ya voy a terminar la película de guerra, y no hay dinero para pagar a los actores.

—No se preocupe, en la última escena ponga balas verdaderas...

El aficionado taurino

Dos campesinos venían por la llanura, cuando de pronto se les deja venir un toro bravo, así que uno de ellos se sube rápidamente a un árbol.

—¡Baja de ese árbol, cobarde! Ven y ayúdame con este toro.

—No, porque si bajo, ¿quién te aplaude?

Caritativo

Unos niños jugaban en el parque con sus bicicletas. De pronto llega uno muy golpeado y con sus ropas sucias diciendo:

—¡Caray!, por no atropellar a un perrito, me estrellé contra ese árbol...

—¡Ay, Jaimito, tú siempre cuidando a tus semejantes!

Cuñados

Un joven está en la sala de la casa esperando a que baje su novia, cuando aparece el hermanito de ella jugando con un rizo de pelo rubio.

—Oye, Jorgito, te doy mil pesos por ese rizo de tu hermana.

—Dame cinco mil y te bajo toda la peluca.

La tarea

Unos niños hacían su tarea y uno de ellos murmuraba:

—Seis para seis son... doce.

—No seas menso, ¿de dónde sacas que seis para seis son doce?

—¡Claro que sí! De las seis de la mañana, a las seis de la tarde, ¿no son doce?

Supersticioso

Llega Jovan con su amiguito Ernesto para pagarle algo que le debía y le dice:

—Aquí están los cinco mil pesos que me prestaste....

—¿Cómo que cinco mil? Fueron 13 mil.

—¿Pues no dices que el trece te trae mala suerte?

¡Pobrecito!

—Hoy me quedé sin desayunar porque cuando bajé, el perro ya se había comido lo que me había preparado mamá.

—¿Y tu mamá qué hizo?

—Enterró al pobre perro.

La verdad

En la delegación de policía el juez preguntaba al presunto acusado:

—¿Es verdad o no, que usted le debe un millón de pesos a su vecino?

—Es verdad.

—¿Y por qué no se los paga?

—Porque entonces ya no sería verdad.

La nenita

Preguntaba Pepito a Fernando:

—¿Es verdad que tu hermanita tiene la boca muy chiquita?

—¡Uy, demasiado chiquita! Tanto, que para decir tres, dice: uno, uno, uno.

De abuelitos

A ver qué les parece este chiste:

—Oye, Oscarito, ¿tu abuelita cuántos años tiene?

—Pues ella cuenta ya con 85 años.

—¿Y tu abuelito?

—Él ya no cuenta...

De rancheros

Unos compadres estaban en el rancho platicando de sus gallinas:

—Oiga, compadrito, ¿usted qué les da a sus gallinas, trigo o maíz?

—Pos yo mejor les aviento dinero pa' que se compren lo que les guste.

En una fiesta

En la casa de Paquito celebraban su cumpleaños y se escuchó lo siguiente:

—Oye, Paquito, tú cumples hoy nueve años, pero a que no me dices cuántos tengo yo.

—Perdóneme, señora, pero yo apenas sé contar hasta cien.

Progreso

El maestro platicaba a sus alumnos acerca del progreso en el siglo veinte.

—...Así que ya les digo, muchachitos, éste es el siglo de los adelantos.

—Oiga, profesor, si de verdad es el siglo de los adelantos, ¿no sería posible que nos adelantara las vacaciones?

Vaya cliente

Se acerca el mesero y pregunta al indito:

—¿Cómo quiere que le sirva sus huevos?

—Pos yo diría que en un plato.

Sirvientas

Una mujer llega a cierta casa a pedir trabajo como sirvienta y la señora le dice:

—Mira, muchacha, esta semana te pagaré 20 mil pesos diarios, pero después te daré 30 mil. ¿Qué dices?

—Pos que mejor regreso después.

Abusado

Le dice el padrino de Quique al niño:

—Toma, hijo, estos son los 50 mil pesos que te ofrecí. Ahora dime, ¿te vas a portar bien?

—Un momentito, primero déjame contar el dinero.

Por hablador

—¡Pero cómo te atreviste a matar al pobre loro, si era un animalito que hablaba perfectamente!

—Pues por eso, porque habló, y me dijo perfectamente que era yo muy menso.

Uno de ventas

—¿Así que tu papá es muy buen vendedor?

—¡Uy, sí! Ya vendió todos los muebles de la casa; ni la tele dejó.

Meseros

A la hora de servir, el mesero tropieza y la sopa cae sobre el cliente...

—¡Torpe, mire lo que hizo, me ha echado toda la sopa sobre el traje!

—Toda no, señor, tengo más en la cocina.

Jueguitos

Llega el niño corriendo ante su papá y le dice asustado:

—¡Papá, papacito, anda, ven! Mi abuelita y yo estábamos jugando a ver quién sacaba más el cuerpo por la ventana...

—¿Y qué pasó?

—¡Ganó mi abuelita!

Aviso en un pueblito

¡Atención! Próximo domingo, gran carrera de burros, solamente podrán competir los vecinos de este pueblo.

De televisión

—Oye, Lulú, ¿es verdad que me parezco a un actor de la televisión?

—¡Uy, sí, eres igualito a Herman Monster!

Experimento

Llega el maestro de visita a casa de Lalito, toca la puerta y oye ladrar al perro.

—Pase usted, profesor, pase, mi perro no muerde.

—¿Estás seguro que no muerde?

—Usted pase, así sale de dudas y quizá mi perro coma algo.

Truco mágico

El mago se disponía a efectuar uno de sus trucos diciendo:

—Para el siguiente truco, me valdré de este niño a quien jamás he visto. Acércate niño...

—¡Pero no me jales, papá!

Otro de mensos

—Oye, Babas, traes la boca abierta...

—¡Ya lo sé, yo la abrí!

En familia

Estaba la familia sentada a la hora de la comida, cuando empieza el perro a ladrar furioso.

—¿Por qué ladrará tanto el perro?

—Porque estás comiendo en su plato, padrino.

Fácil

—Oye, Memo, si estudias por televisión,
¿cómo le haces para salir a jugar?

—Nomás cambio de canal...

En la carretera

Corría veloz el auto por la carretera y se oye a
la mamá que grita:

—¡Por favor, Carlos, no corras tan rápido,
porque en cada curva tengo que cerrar los ojos!

—¡Cómo! ¿Tú también los vienes cerrando?

La sentencia

Un criminal es advertido por el verdugo:

—Mañana lunes serás llevado a la cámara de
gases.

—¡Ay, qué mal empieza para mí esta semana!

Hay que festejar

Un limosnero implora en la calle:

—Señor, hace tres días que no como, ¿no
podría darme un pastel?

—¡Vaya!, ¿no te conformas con un bolillo?

—Si fuera cualquier día sí, pero hoy es mi
cumpleaños.

Igualito

Llega el niño a su casa y le dice al papá:

—Papá, ¿te acuerdas que una vez te expulsaron de la escuela por latoso?

—Sí, hijo, yo te lo platiqué...

—Pues la historia se repite conmigo.

En el restaurante

—¡Mesero, lo he llamado cinco veces! ¿No tiene usted orejas?

—Sí, señor, ¿fritas o en vinagre?

Las niñas

Una nena le platicaba a su compañera de escuela:

—Ayer llevaron a mi abuelita a que le sacaran tres dientes.

—¿Pero cómo?, si tu abuelita ya no tiene ni uno...

—Bueno, la llevaron a que se los sacaran del estómago porque se los había tragado.

Lecciones de idiomas

Un niño muy bromista le preguntaba a su compañero cómo se decían ciertas palabras en japonés...

—¿Tú sabes cómo se dice, "me gusta tu novia", en japonés?

—No. ¿Cómo se dice?

—Te kito tuchika.

Bueno, siguiendo con la broma, veamos otros ejemplos:

—¿Cómo diríamos, "qué calor hace", en japonés?

"Toditos sudamos"

—¿Y cómo se diría, "quiero comer"?

"Cojo comidita"

—¿Y "escuela"?

"Kolejito"

Ahora juguemos un poco con el chino:

—¿Cómo diríamos "niño" en chino?

"Ta miao"

—¿Y "maestro"?

"Tea enseñao"

—¿Y para decir, "quiero comer", en chino?

"Saboleo tu guisao"

—¿Y cómo se diría, "qué calor hace"?
"Ta feo calorón"

Para terminar, veamos cómo se diría en chino, "me gusta tu novia":
"Mea gustao tu nenín"

Gordita
—Oye, Gerardo, tu tía ha engordado mucho, ¿verdad?
—Sí, tanto, que ahora mi tío en vez de decirle chulita, le dice chuleta.

De limosneros
Un pordiosero suplicaba ayuda en la calle diciendo:
—¡Una limosna por el amor de Dios!
—Yo no acostumbro dar limosnas en la calle.
—¿Y a poco quiere que ponga una oficina para que me la lleve allá?

Dulcero
—¡Ay, hijo, siempre te encuentro con una paleta en la mano!
—Pues ni modo que siempre la tenga en la boca, mami...

¡Qué familia!

—¿Y por qué dices que tu mamá y tu papá nunca pueden ponerse de acuerdo?

—Porque cuando sale mi papá de la cárcel, entra mi mamá.

Experimento médico

Saliendo de la consulta el paciente dice a su médico:

—¡Ay, doctor, ojalá y la medicina que me recetó sea buena!

—Eso espero, porque mi perro padece de lo mismo y también se la di a él.

Nombrecito

—Yo me llamo Crisóforo, ¿y tú?

—¡Nooo, yo no!

Inocentes

—Mamá, ayer compré la escuela en 10 mil pesos.

—¿Pero cómo pudieron venderte la escuela en 10 mil pesos? ¡Eso es un engaño!

—Sí, ¿verdad? En cuanto me di cuenta se la cambié a mi hermanita por Televisa.

Éste y el exagerado

Dos rancheritos muy mentirosos platicaban de sus animales:

—¿Así que sus gallinas le salieron muy buenas, compadre?

—¡Rete buenas! Con decirle que además de poner sus huevos, ponen la mesa...

Doble especie

—Yo tengo un pájaro que, además de ser ave, es perro.

—No seas mentiroso.

—¿No me crees? Es un can-ario.

Valiente

El animador del circo anunciaba al público:

—Enseguida, damas y caballeros, conocerán ustedes a un sensacional domador de fieras, tan valiente, que por meter el brazo en el hocico de un tigre le decían "el Audaz"... Ahora le decimos "el Manco".

Equivocado

—¿Aquí es el consultorio?

—No, es un dispensario.

—Entonces dispénseme usted.

Entre reclutas

Decía un recluta a su compañero:

—Tú y yo iremos a la guerra y sólo uno de los dos regresará...

—Pues serás tú, porque yo no pienso ir.

Menso

—Polito, ¿por qué no te has bañado, hijito?

—Porque el agua caliente está muy fría, mami.

Anatomía

—A ver, tú, Bruno, ¿en cuántas partes se divide el cuerpo humano?

—Depende, profesor, si lo atropella el metro, en mil.

El nene

—¿Por qué lloras, nene?

—Porque se cayó esa señora gorda.

—¿Y te duele que se haya caído?

—¡Cómo no me va a doler, si se cayó encima de mí!

Sobre maestros

Los niños platicaban a la hora del recreo acerca de su profesor:

—¡Híjole!, el maestro es peor que el diablo...

—Sí, ya le han dicho que se parece al diablo por malo.

—¿Y no se enoja?

—No, el que se ha de enojar es el diablo.

La mamá

Entra la mamá a la recámara del niño y le grita enojada:

—¡Hijo, por Dios, deja ya de tocar ese tambor que me estoy quedando sorda!

—Uy, mamá, hace más de una hora que dejé de tocarlo.

En la cárcel

Uno de tantos presos que estaban recluídos en el penal empieza a gritar:

—¡Con un demonio!, ayer desapareció mi rasuradora y hoy se llevaron mi radio; ¿qué no hay gente decente en esta cárcel?

Preguntitas

Preguntaba un señor a otro:

—Perdone, acabo de llegar a la ciudad, ¿no sabe en dónde puedo comer y dormir por 30 mil pesos diarios?

—Allí enfrente, en esa casa le dan habitación y alimentos por 30 mil pesos diarios.

—¿Y en dónde puedo conseguir los 30 mil pesos diarios?

Voluminoso

¿Saben ustedes la historia de aquel señor que estaba tan, pero tan gordo, que se caía de la cama por los dos lados?

Mordidas prestadas

—Ya no comas tanto dulce porque se te van a caer los dientes, Jorgito.

—¿Y eso qué tiene de malo, mamá? Mi abuelito no tiene ni un solo diente y come perfectamente.

—¿Ah, sí? ¿Y cómo le hace para comer sin dientes?

—Mi abuelita le presta los suyos.

Caballitos

Un niño muy bromista le decía a su compañero de escuela:

—¿Ya sabes que los caballos no usan zapatos?

—¡Pues claro! Los caballos usan herraduras. Por cierto, ¿de quién será esta herradura?

—Pues seguramente se te cayó a ti del pie...

Defectuoso

—Oye, Miguelín, ¿cómo pudo casarse tu hermana con ese señor tan feo, jorobado, sin un ojo y sin una pierna?

—Puedes hablar en voz alta, porque además está sordo.

El nieto precavido

Preguntaba el niño al abuelito:

—Abuelo, ¿cuántos dientes te quedan?

—Ni uno solo, hijito...

—Entonces guárdame estos dulces.

El maestro

—A ver, niño Fidel, ¿dónde está el Canal de la Mancha?

—El canal no lo sé, profesor, pero la mancha la trae usted en la cara.

El guisado

Las niñas y los niños jugaban a la comidita y, al terminar de comer, dice uno de ellos:

—¡Qué rica estaba la carne, Lolita, lástima que no haya más!

—Es que cuesta mucho trabajo atrapar ratones.

Como pajarito

—Ayer me subí a un árbol para saber qué se siente ser pajarito.

—¿Y qué sentiste?

—¡Horrible, me agarraron a pedradas!

De rabinos

—Abraham, quiero saber cuándo me vas a pagar lo que me debes...

—¡Ay, David!, ¿acaso crees que soy profeta?

¡Qué dolor!

Llega un ancianito con su médico y le dice quejándose:

—¡Ay, doctor, traigo un dolor que no me deja estar sentado, parado ni acostado...

—Pues entonces cuélguese.

Uno de electrónica

—¡Mira! Dice el periódico que los japoneses inventaron una máquina parlante.

—¡Qué novedad! Hace cinco años que estoy casado con una.

Las vacunas

La mamá de Gabriel preguntaba al muchacho, que no quería vacunarse:

—¿Por qué no quieres que te vacunen? Tienes que dejarte; las vacunas evitan enfermedades que provocan la muerte.

—Eso no es verdad, mamá, a mis abuelitos los vacunaron y ya se murieron todos.

Gran jefe

El señor muy enojado le gritaba a su esposa:

—¡En esta casa mando yo! ¿Está claro, Graciela?

—¿Y qué...?

—¿Cómo que y qué? Pues si no me traes agua caliente no termino de lavar la ropa.

Filósofo

—Solamente los tontos y los mensos dicen "Estoy seguro".

—¿Tú crees eso?

—¡Estoy seguro!

Pegalón

Poco después de que mamá deja solos a los niños, el más pequeño empieza a llorar...

—¡Mamá, Esteban me dio cinco nalgadas!

—¿Es verdad, Esteban?

—Sí, mami, pero se las di sin querer...

Solución

Estaban los niños muy serios y callados y les dice su mamá:

—¿Qué quieren que haga para que estén contentos?

—Vete al cine con papá...

Uno de colores

—A ver, niños, ¿cuál es el agua más verde?

—El aguacate, profesor.

Cambio de "look"

Estaba la hermana de Javier arreglándose para salir cuando éste le pregunta:

—¿Por qué te cortaste el cabello, hermanita?

—Porque con el cabello largo parecía una mujer vieja.

—Pues ahora con el cabello corto pareces un hombre viejo.

De caballos

Un jinete presumía a su colega acerca del caballo que había comprado:

—Ese caballo que compré, se traga los kilómetros.

—¿Traga kilómetros? ¡Con razón está tan flaco!

Ancianito

Un viejito de más de 80 años llegó a comprar una motocicleta y le dijo el vendedor:

—Escuche, señor, esta moto es demasiado peligrosa para su edad, ¿para qué la quiere tan veloz?

—Para alcanzar la vida que se me está yendo.

El cazador

Un hombre llegó al bosque llevando su escopeta para cazar algo, cuando se encontró con un guardia:

—Perdone, oficial, ¿será delito si cazo un venado por aquí?

—Un delito no, será un milagro.

¿Qué dice?

A la hora del recreo los alumnos de tercer año platicaban:

—Fíjate que mi papá trajo un lorito que dice la hora perfectamente.

—Pues el mío trajo una toalla que dice "Hotel Regis".

Sinceridad infantil

Así son algunos niños cuando platican:

—¿Es verdad que tu papá tiene tres cuentas bancarias?

—Sí, en una debe un millón, en otra cinco y en la tercera 20 millones.

Mentirosita e incrédulo

Decía la señora a su esposo:

—¡Ay, mi vida... me muero, me muero!

—¡Ay, corazón... quiero verlo, quiero verlo!

De rancheros

Un ranchero fue con su vecino y le dijo:

—Compadre, mis caballos están muy enfermos, ¿por qué será?

—Es que cualquiera se enferma viéndole su cara, compadre.

Alumnos

El maestro preguntaba a uno de sus alumnos durante la clase de física:

—A ver, Nachito, ¿cómo me demuestras que la Tierra es redonda?

—Yo no le demuestro nada, profesor, usted fue el que lo dijo.

Otra vez en el restaurante

Un cliente llamó al mesero en el restaurante y le reclamó:

—Oiga, este pollo está muy duro, ¿por qué?

—Porque lo sacaron de un huevo cocido.

De lecheros

—Oiga, señor, la leche que me vendió ayer estaba agria. ¿No me dijo que era leche del día?

—Sí, señora, del día de las madres.

Estudioso

El papá de Memo llega a casa y se sorprende al encontrar a su hijo leyendo.

—¡Vaya, hijo, hasta que te encontré estudiando en lugar de estar jugando futbol! ¿Qué estás estudiando?

—El reglamento de futbol.

Uno de mensos

—Si tu dinero se te perdió por allá, ¿por qué lo buscas aquí?

—Porque allá no hay luz.

De turistas

Un turista preguntaba en la administración del hotel acerca de los precios:

—¿Qué cuestan las habitaciones, señor?

—En el primer piso 150 mil, en el segundo 100 mil, en el tercero 75 mil, en el cuarto 50 mil y en el quinto 25 mil.

—¡Uy, no, este hotel no es de mi altura! Yo sólo traigo 10 mil pesos.

Moda divertida

Llega el novio de Mary a su casa, y en cuanto ella lo ve suelta la carcajada:

—¿De qué te ríes, Mary, a poco nunca habías visto un traje como éste?

—Sí, pero no gratis, lo vi en el circo.

Aguantador

Un joven llega muy triste a la oficina diciendo:

—Acabo de ver a mi novia con otro; ¡qué duro estuvo!

—Debes haber sufrido mucho, ¿verdad?

—¡Muchísimo! Los seguí durante diez calles y ahora me aprietan los zapatos.

Separación

El maestro preguntaba al niño Rogelio:

—No sabía que tu papá estaba en Japón, ¿por

qué está separado de tu mamá?

—Por el Océano Pacífico.

Los hermanitos

El hermano mayor de Rubencito se quejaba con su mamá:

—Mamá, Rubén no quiere pagarme los 10 mil pesos que me debe.

—Págale, hijo, recuerda que el que paga lo que debe, descansa.

—Pero yo no estoy cansado, mami.

Disfraz

Unos niños estaban en el jardín jugando con sus perros, y uno de ellos decía:

—No creo que tu perro sea policía; está feo y chaparro.

—Bueno, es que es de la policía secreta.

Uno de rateros

El juez preguntaba al acusado de un robo:

—¿Así que robó porque tenía hambre?

—Sí, señor juez.

—¿Y por qué además del pan se llevó el dinero?

—Porque no sólo de pan vive el hombre.

Comercial

¡Atención!, recuerde que lo mejor para las moscas es el azúcar, ¡les encanta!

Exactitud

Después de examinar al anciano, el médico le informa:

—Pues debo decirle, señor, que usted vivirá hasta los 70 años.

—¿Hasta los 70? Si hoy los cumplo, doctor...

—Ya lo sé, por eso se lo digo.

El yerno guasón

La suegra de Juvencio le reclamaba a éste diciéndole:

—Así como llevas a mi hija al zoológico, también deberías de llevarme a mí.

—¡Andele, señora!, se van a ver muy monas las dos en la misma jaula.

El limpio

Un niño comentaba a su compañero de clases:

—La primera vez que mi mamacita me bañó siendo bebé, sentí horrible...

—¿Y la segunda vez?

—La segunda no sé qué me irá a pasar.

Dinero limpio

En la comisaría de policía, el juez amonestaba al acusado diciéndole:

—¡Cómo puedes decir que ese dinero es limpio, si te lo robaste!

—Pues sí es limpio, porque lo robé de una fábrica de jabón.

Exageración

"Era un señor tan, pero tan gordo, que en vez de decir buenos días, decía: oing, oing, oing."

Guisados

Llega el vecino de Daniel a su casa y exclama:

—¡Caray, qué rico huele, qué ganas de probar lo que está preparando tu mamá!

—Pues si quieres probar, éntrale, es la comida para mis perros.

Entre campesinos

Un campesino llega con el compadre y se queja:

—Fíjese compadrito, que sembré calabazas y salieron medias...

—¿Medias de nailon?

—No, medias podridas.

Clave médica

Decía el niño al doctor que examinaba a su abuelito:

—Oiga, doctor, su número es el 111, ¿verdad?

—¿El 111? ¿Por qué?

—Porque empieza con uno, sigue con uno y termina con uno.

Otro de campesinos

—Oiga, compadre, ¿es verdad que la vaca que compró le ha salido muy económica?

—Muchísimo, desde que la compré no ha querido comer nada...

Y siguen los campesinos

—¿Y por qué se ahogó su caballo, si apenas le llegaba el agua a las patas?

—Es que se cayó al río de cabeza.

De limosneros

El limosnero clamaba en la calle:

—Señora, una limosnita por favor, llevo ocho días sin comer.

—¿Ocho días sin comer? Hombre, no haga eso, las dietas son muy peligrosas.

Bromas con algunas palabras

—¿Cuál es el pie "comediante"?
—Es el Pierrot.

—¿Y el que piensa?
—El piénsalo.

—¿Y el más misericordioso?
—Pues piedad.

—¿Y cuál será el pie más duro?
—Ése es el piedrazo.

—¿Y cómo se llama el más velludo?
—Pieludo.

—¿Y el agua que no tiene valor?
—Aguacero.

—¿Y cuál será el agua más festiva?
—Aguafiestas.

—¿Y la más resistente?
—Aguantadora.

—¿Cómo se llama el agua que espera?
—Aguarda.

—¿Cómo se llama el ave que hace "gua gua"?

—El guaguajolote.

—¿Cómo se llama la esposa del llanto?
—Llanta.

—¿Y cuál será la herramienta más ciega?
—La cegueta.

—¿Y cuál es el tanque más "naco"?
—El tinaco.

—¿Cómo se llama el perro que cierra puertas?
—Can-dado.

—¿Cómo se llama el santo que no se sabe si
es mujer u hombre?
—Santa Clós.

—¿Cuál será el pez que huele más fuerte?
—El pestilente.

—¿Y el que usa corbata?
—Ése es el pescuezo.

—¿Y el pez más negativo?
—Es el pesimista.

—¿Y el que más pesa?
—Es el pesado.

—¿ y el pez hembra que tenemos en la cara?
—La pestaña.

—¿Y el también hembra que vive en las patas de ciertos animales?
—Pues la pezuña.

—¿Cuál es la palabra de cuatro letras, que si le quitas una, queda una?
—Luna; le quitas la "L" y queda "una".

—¿En qué se parece el "metro" a la ballena?
—En que va lleno.

—¿Cuál es la flor que nunca deja de cenar?
—La azu-cena.

—¿En qué se parecen las mujeres a las montañas?
—En que tienen "faldas".

—¿Qué es una brújula?
—Es una viéjala, sentágala en una escóbala.

—¿Por qué las jirafas tienen las patas tan largas?
—Porque si las tuvieran más cortas no le llegarían al suelo.

Marítimo

—A ver, muchacho, mencióname un mar más tranquilo que el Océano Pacífico.

—¡El Mar Muerto!

Menú

—Mesero, acérquese por favor...

—Diga usted, señor...

—Este plato fuerte, ¿de qué es?

—De acero, señor.

Condición

El joven llega a pedir la mano de su dulce novia, y entonces el padre pregunta:

—Antes de concederle la mano de mi hija, necesito saber de qué disponen para comer.

—De nuestras bocas, señor.

Razonable

El "rata" está siendo juzgado, por lo que el señor juez pregunta:

—¿Por qué robó a esa pareja de millonarios?

—Porque las parejas de pobres no tienen dinero.

De tránsito

Un oficial de crucero detiene al automovilista y le dice:

—¡Qué barbaridad, usted no entiende! Quisiera que pasara un día sin tener que infraccionarlo...

—¡Pues cuando guste, yo le doy permiso!

Dicen

Que Tarzán grita porque siempre le duelen las muelas.

"Honorable"

El profesor llama la atención por enésima vez al inquieto muchacho:

—No entiendo por qué eres tan rebelde e irresponsable, ¿no dicen que tu padre era de muy buena conducta?

—¡Uy, sí! Se portaba tan correctamente, que hasta le rebajaron la condena.

El médico

El esposo de Jovita es médico, así que una tarde le grita ella angustiada:

—¡Mi vida, se quemó el guisado!

—¡Rápido, pónle pomada!

El jefe del hogar

—¿Así que tu papá manda en la casa?

—Sí, él manda, pero nadie le hace caso.

Hermanitos

El abuelo regaña al muchacho diciéndole:

—Acabo de ver a tu hermanita hincada, ¡qué malo eres! ¿Cómo puedes humillarla así?

—Pero no estaba suplicando, abuelo, sino gritando: ¡sal de abajo de ese mueble o te va peor!

Entre reos

Uno de los presos censuraba a su compañero de celda:

—Presumías de ser muy rápido y ya ves, te pescó la policía robando por lento.

—Es que el médico me aconsejó que tomara las cosas con calma.

El cariñoso

La maestra pregunta con ternura al niño:

—¿Me dicen que te gustan mucho los animales, Jorgito?

—¡Me encantan, maestra! Cerdo al horno, pavo relleno, ternera al vino...

Excusa

—¿Es verdad que tú robas por culpa de un refrán?

—Sí, por ese que dice: "No dejes para mañana lo que puedas robar hoy".

Goloso

En cuanto aparece el papá, se le acerca el niño y le pide:

—Papá, ¿me regalas 20 chocolates?

—¿Y por qué 20 y no dos?

—Porque yo sólo como al mayoreo.

El boxeador

El entrenador gritaba airado a su pupilo:

—¡Eres un inútil! La pelea era por el campeonato y no tiraste ni un solo golpe, ¿por qué?

—Porque deseo ganar el Premio Nobel de la Paz.

Mamá y papá

El papá de Beto reclama a su esposa:

—Antes de pegarle al niño, me hubieras llamado a mí.

—A ti te toca pegarle mañana.

Sentenciado

—¿Por qué prefiere que lo ejecuten en la silla eléctrica y no con gas?

—Porque la electricidad me calma los nervios.

Reencarnación

La suegra charlaba con el yerno y le decía:

—¿Tú crees en la reencarnación, Esteban?

—Sí, y si volviera a nacer, me gustaría reencarnar en asno.

—No se vale repetir...

El bananero

Un hombre acostumbraba comer mucho plátano, pero jamás les quitaba la cáscara, así que un día le preguntaron:

—¿Por qué no le quitas la cáscara al plátano?

—Porque ya sé cómo es por dentro.

Disciplina

Una niña elogiaba a su hermanito por la voluntad que tenía:

—Admiro tu fuerza de voluntad para dejar de comer chocolates.

—Sí, han sido las dos horas más largas de mi vida.

Qué "buen" hermano

Jaime llega a la dulcería, compra una bolsa de dulces y se los termina en unos minutos, así que su hermana le reclama:

—¡Qué malo eres!, te comiste todos los dulces sin acordarte de mí.

—¡Claro que me acordé! Por eso me los comí pronto.

El incrédulo

En el restaurante el cliente hace una pregunta al camarero:

—¿Tiene usted patas de cerdo?

—Sí, señor.

—A ver, quítese los zapatos...

El gatito

—¿Así que tu gato es muy bueno para los ratones?

—¡Bastante!, hasta las uñas se quita para no lastimarlos.

Mejor no buscarle

El niño no paraba de hablar en la clase, así que el profesor le advirtió:

—Escucha, Pepín, si no dejas de hablar voy a llamar a tu madre.

—¡Uy, profesor, no le conviene!, ella habla más que yo.

Niño malo

—¿Ya te enteraste que el profesor está a las puertas de la muerte?

—¿De veras? Espero que se las abran pronto.

La amiguita viborita

Llega Laura a casa de Betty cuando ésta va de salida:

—¡Ay, Laurita!, perdona que no te pueda atender, pero voy a la sala de belleza.

—¿A que te alboroten lo feo?

La misiva

—¡Esta carta de amor va para Rosita!

—Pero no le anotaste la dirección...

—Es que no quiero que se enteren los demás para quién es.

El músico

—Jefe, ¿puedo tocar la trompeta en cuanto se alivie su suegra?

—No, mejor en cuanto se muera.

El futbolista

El centro delantero de un equipo preguntaba al entrenador:

—Señor, necesito saber si me van a cambiar, o a vender a otro equipo...

—Ninguna de las dos cosas; ¡te vamos a regalar!

El reloj

El alumno llega tarde a clase, así que su profesor le pregunta:

—¿Qué hora es, jovencito?

—Son las nueve, profesor, pero no se fíe de mi reloj porque a cada momento cambia de hora.

Aprovechada

Entra el esposo a la recámara y le grita a su mujer:

—¡Mira nada más, mujer malvada! Yo buscando mi cinturón y tú muy contenta ahorcándote con él.

El uno-dos

El tipo era juzgado por homicidio, entonces el juez preguntó:

—¿Qué hizo su suegra cuando usted le

disparó?
—Gritó y cayó.

El paciente sano
El enfermo había llegado al hospital muy grave. Luego que lo examinan varios especialistas, finalmente el médico en jefe le dice:
—¡Qué extraño!, lo hemos examinado totalmente y todos sus órganos funcionan perfectamente...
—¿Eso significa que me estoy muriendo completamente sano y lleno de vida?

En la librería
El muchacho entra a la librería y pregunta al bibliotecario:
—Perdone, señor, ¿tiene usted un libro titulado: *"Tres fórmulas para estudiar"*?
—No, pero tengo éste: *"Tres caminos para que no te expulsen"*.

Otro parecido
—Perdone, señor, ¿tiene usted un libro titulado: *"Cómo ser feliz en el matrimonio"*?
—Libros de chistes no tenemos, caballero.

Los vetustos

Una ancianita le platica a otra viejita acerca de sus relaciones en el matrimonio:

—¡Estoy desesperada, mi marido me engaña!

—¡Ay, Jacinta!, ¿pero cómo es posible que tú, a los 87 años, estés celosa de tu marido que ya tiene 95?

—Es que me enteré que el malvado anda con una joven de 65.

El secreto

Llega el papá a la casa y le dice al pícaro muchacho:

—Hijo, tu maestra acaba de darme un recadito...

—No te preocupes, papá, jamás se lo diré a mamá.

Historia

"Hubo una vez un bebé que nació tan, pero tan horroroso, que su mamá, en vez de darle el pecho le daba la espalda."

Otro de bebés

"Hubo una vez un bebé que nació tan, pero tan hermoso, que su mamá en vez de darle el pecho le daba contratos para la televisión."

Cortesía

La mamá pregunta al muchacho al terminar el curso:

—¿Por qué nunca me das el gusto de verte ganar el primer lugar, hijo?

—Porque quiero que el gusto lo tengan las mamás de otros niños.

La báscula

Una señora muy, pero muy gorda, llega a la farmacia y pregunta:

—¿Sirve su báscula, señor?

—Sí, ¡pero no se vaya a subir en ella, porque me la descompone!

La niña y el niño

La nena se acerca a un niño en el jardín y le dice:

—Oye, ¿me regalas dos de tus chocolates?

—No, ni uno solo...

—¡Anda, y te doy un besito!

—¡Uy, no, con amenazas menos!

En el zoológico

Un tipo muy feo pregunta al guardia del zoológico:

—¿Puede decirme en dónde queda la jaula de los gorilas?

—Aquí a la vuelta, pero ni vaya porque ya está llena...

La maestra en casa

Un oficinista le dice a su compañero:

—He notado que desde que te casaste, siempre vienes con tu ropa perfectamente lavada y planchada.

—Sí, es que al día siguiente de casarme, mi esposa me enseñó a lavar y a planchar, como su mamá enseñó a su papá.

Sucedió en Africa

Un niño caníbal pregunta a su hermanito:

—¿Te gustó la sopa de mamá?

—Sí, pero la vamos a extrañar mucho...

La palabra

—Sólo una palabra le solté al maestro, y me sacó de la clase.

—¡No seas egoísta, dime qué palabra fue...!

El rector

Durante una cena de graduación, el rector dijo al terminar su oratoria:

—Durante mi discurso escuché varias veces la palabra idiota, espero que no se hayan estado refiriendo a mí...

—Ay, sí, como si no existieran otros idiotas en el mundo.

La contestación

—Te llegó esta carta de tu maestro, ¿qué le digo?

—Que tiene muchas faltas de ortografía.

¡Qué familia!

El niño llega muy apenado ante la mamá y le dice:

—Mamá, fíjate que me reprobaron en la escuela y además me expulsaron.

—¡Malvado muchacho, yo no sé a quién saliste! Pero vas a ver, ahora que salga tu padre de prisión se lo digo.

Niño pícaro

Entra el niño a la recámara de mamá y le dice:

—Mamá, ¿te limpio el espejo? ¡Te lo dejo reluciente!

—No, porque lo puedes romper.

—Lo que pasa es que te da pavor verte la cara.

Flojonazo

Tirados sobre el césped se hallaban dos hombres harapientos y platicaban:

—¿Tú desde cuándo no trabajas?

—Desde el día en que murió mi madre.

—¿Y cuándo murió?

—Cuando nací.

De novios

Un joven le comentaba al compañero de trabajo:

—Mi novia se ha vuelto insoportable; primero me engañaba con otro y ayer se casó con otro.

—¡Eso no se lo vayas a perdonar, no vuelvas con ella!

Uno de accidentes

Un oficial de la policía le platica a su mujer:

—El comandante de mi batallón chocó con su patrulla y se desfiguró la cara.

—¡Qué horror, qué horror!

—Pero lo llevaron con el cirujano plástico y se la dejó como la tenía.

—¡Qué horror, qué horror!

En Egipto

El guía de turistas explica a los visitantes:

—Como ven, estas ruinas son antiquísimas; se mantienen en pie a pesar de no haber recibido ni una sola reparación en cientos de años.

—Seguramente el propietario será el mismo de la casa en donde vivo.

En el jardín

La señora pasea a su bebé en la carreola, cuando se acerca un niño al que le dice presumida:

—Mira, hijo, ¿qué te parece mi bebé?

—¡Ay, señora, está espantoso!

—¡Qué malo eres! Bu, bu, bu... ¿Cómo puedes decirme que está espantoso?

—Ya no llore, señora, tome, le doy un chocolate...

—Gracias, cuando despierte mi bebé se lo daré.

—No, el chocolate es para usted, para el changuito, cacahuates.

La medicina

La vecina se encuentra al niño en la escalera y pregunta por su abuelito:

—¡Qué tal, Fito!, ¿cómo sigue tu abuelito, le dieron resultado las pastillas que le regalé para dormir?

—¡Uy, sí!, nomás se tomó la primera y de inmediato se le durmieron las piernas.

El cínico

El holgazán le dice a su mujer en cuanto la ve entrar a casa:

—¡Anda, mujer, dame para ir a comer!

—¿No te da pena que yo tenga que lavar ropa ajena para que comas?

—Pues claro que me da pena, pero es lo único que sabes hacer.

La colecta

Una hermosa joven se acerca al chofer de un autobús y le dice acercándole una alcancía:

—Señor, ¿no coopera para la Cruz Roja?

—¿Otra vez? Ya atropellé a dos...

En el cuadrilátero

La pelea iba a entrar a la tercera vuelta, así que el manejador se acerca a su boxeador y le pregunta:

—¿Quieres decirme algo antes de entrar al

tercer raund?

—Sí, ¡por favor ya sácame de aquí!

La extraña

Una mujer toca a la puerta, abre el niño y ella le pregunta:

—¿Está tu mamá, niño?

—¿De parte de quién?

—De una persona que acaba de llegar de París.

—¡Cómo que de París! Usted no tiene cara de cigüeña.

Nacimientos

Dos amigas platicaban acerca de una tercera:

—Ya te digo, Susy, mi vecina tuvo tres bebés y a la semana dos...

—¿Primero tres y a la semana dos? ¡Eso es imposible!

—¿Por qué imposible? Primero fueron tres, a la semana falleció uno, le quedaron dos.

El vestido

Un notable hombre de negocios platica con su colega:

—Ayer llevé a mi mujer a que le hicieran un

vestido para el carnaval.

—¿Y qué, se lo van a hacer?

—No quisieron, me dijeron que allí hacían disfraces, no forraban piñatas.

La apuesta

A la hora de la comida, el niño platica a su papá:

—Fíjate, papá, que ayer aposté los 10 mil pesos que me diste a que no reprobaba...

—¿Y qué pasó, hijo?

—Perdí los 10 mil pesos.

Un mesero servicial

—¡Mesero, venga acá!

—Diga usted, señor...

—¡Este guisado tiene una cucaracha!

—Yo se la puse, señor, como se tragó las dos que estaban en la sopa, yo pensé que le habían gustado.

Chiste cruel

Decía una mamá a su pequeño hijo:

—¡Venga conmigo, mi hijito! ¡Tan blanco y hermoso que parece angelito!

—¿Y verdad que el negrito que vive enfrente parece mosca?

¡Exactamente!

Una niña comentaba a su compañera de escuela:

—Se me hace que ese niño es medio menso.

—¿Medio? Lo que sucede es que sólo lo conoces a medias...

¡Ay, ojón!

—No, mamá, ya te he dicho que no me gusta dormir con mi abuelito.

—¿Por qué? ¿Acaso ronca?

—No, pero duerme con los ojos abiertos.

Argentinazo

Decía un argentino al padre que lo confesaba:

—Padre, ¿qué necesito para entrar al cielo?

—Ser modesto y sencillo.

—¿Todos esos requisitos?

De turistas

Un turista que visitaba cierto pueblito pregunta a uno de los lugareños:

—¿Este pueblo es saludable?

—¡Uy, cómo no, señor!, imagínese que para estrenar el panteón, tuvimos que matar a un turista...

Hablemos en plural

Pocos días después de casados, la joven esposa reclamaba a su compañero:

—¡Y ya me fastidié de que siempre digas mi casa, mi coche, mis muebles...! De ahora en adelante, será nuestra casa, nuestro coche y nuestros muebles... ¿Está claro?

—Sí, Lolita, está bien; ahora por favor dime en dónde están nuestros calzones.

El ingeniero

—¿Y ya se enteró el ingeniero que se derrumbó su edificio?

—No, se lo vamos a decir ahora que lo saquen de entre los escombros.

Los niños

—Oye, Jaimito, ¿cómo murió tu abuelito?

—En un avión. ¿Y el tuyo?

—El mío murió en una tina.

—¡Pero qué tonto! ¡A quién se le ocurre viajar en tina!

Abusadillo

El niño de apenas cinco años insiste con su mamá:

—¡Anda, mamá, cámbiame el nombre! Quiero llamarme Domingo.

—¿Y por qué deseas llamarte Domingo?

—Porque los domingos no hacemos nada.

Frente de batalla

Llega el soldado ante su capitán y pregunta:

—Capitán, ¿dijo usted que necesitaba un voluntario para atravesar la línea enemiga?

—Así es. ¿Sabes algo de explosivos?

—No, señor.

—¿Sabes algo de granadas?

—No, señor.

—¿Sabrás entonces algo de metralletas?

—Tampoco, señor.

—¿Algo de radiocomunicación?

—No capitán, no sé absolutamente nada de nada.

—Entonces, ¿a qué demonios vienes?

—A decirle que conmigo no cuente para nada.

Chiste rápido

Llega a la tocinería un cliente y pregunta al dependiente:

—Oiga, perdone, ¿cabrán 100 kilos de carne de cerdo en mi gabardina?

—Imagino que sí, usted cabe perfectamente...

El disgusto

El niño llega enojado ante sus compañeros diciéndoles:

—¡Odio a mi perro, lo odio!

—¿No decías que era tu mejor amigo?

—Sí, pero me acaba de morder.

El despistado

Un anciano se acerca al policía para preguntarle:

—Perdone, ¿puede decirme por dónde me encuentro?

—Sí, señor, se encuentra usted en la esquina de Independencia y Democracia.

—No, por favor olvídese de los detalles; ¿en qué país?

La abuelita golosa

El niño llega muy triste a la clase, así que su profesor pregunta:

—¿Qué pasa, Quique, por qué vienes tan triste?

—Porque mi abuelita está postrada desde ayer.

—¡Qué pena!, ¿está enferma?

—No, postrada, desde ayer se está comiendo mis postres.

El necio

Un cliente llega al restaurante, se acerca el camarero y le ordena:

—Sírvame unos huevos con chorizo.

—No hay huevos, señor...

—Démelos entonces con jamón.

—No hay huevos, señor...

—Entonces démelos con tocino.

—¡Ya le dije que no hay huevos!

—Bueno, entonces tráigame los huevos solos.

Chiste rápido

Y ahora les voy a contar la historia de un perrito que se llamaba "Chiste", un día lo aplastó un camión y se acabó el chiste.

Otro rápido

—Dígame, señor, ¿usted acostumbra cenar por la noche?

—No, doctor, yo por la noche acostumbro dormir.

Uno de policías

En la central de policía se escucha la voz del radiooperador:

—¡Atención patrulla cinco! ¡Patrulla cinco,

atención! Robo en la calle Siete, asalto y robo en
la calle Siete... ¡Repórtese!

—Patrulla cinco se reporta, nosotros fuimos
los robados.

El mentiroso

Un tipo que tenía fama de ser muy mentiroso,
llega con su vecino y le dice:

—¡Ayer capturé una víbora de 50 metros!

—No sea mentiroso, no hay víboras de 50
metros de largo...

—No, yo digo de ancho.

Cuidado con el perro

La maestra llega a visitar a su pequeño
alumno y el perro empieza a ladrar...

—¡Oh, qué perro más hermoso! ¿Qué clase de
carne come, Carlitos?

—Carne de maestra.

Holgazán

—¡Mira nomás, acostado a mediodía!
¡Levántate a trabajar! ¿No sabes que el trabajo
es salud?

—Pues si el trabajo es salud, que trabajen los
enfermos.

El tomador abstemio

Preguntaba el maestro a uno de los niños:

—Dime, Joselito, ¿tu papá toma mucho?

—Pues depende de lo que tenga a su alcance, profesor...

—¿Y qué tanto es eso?

—Pues digamos un anillo, un reloj, unos aretes, una billetera, según, lo que alcance...

—No me refería a eso, quiero saber si toma alcohol...

—¡Ah, eso sí que no! Mi papá es muy decente, ¡nada de vicios!

¡Qué piernas!

Dos vagabundos se hallaban parados en una esquina, cuando acierta a pasar cerca de ellos una joven:

—¡Mira qué buenas piernas tiene esa muchacha!

—¿Buenas? Las tiene completamente flacas...

—Por eso digo ¡qué buenas!, no se le quiebran.

¡Obviamente!

—Perdone, señor, ¿puede decirme cómo se hace el queso de bola?

—¡Redondo por dentro!

El tendero

Llega un muchacho corriendo a la tienda y grita al vendedor:

—¡Un refresco por favor, un refresco por favor, un refresco por favor!

—No me grites que no estoy sordo. ¿De cuáles galletas quieres?

Por las dudas...

Un niño jugaba en el jardín, cuando de pronto un perro comienza a ladrarle; así que el muchachito se hace a un lado.

—¿Qué pasa, hijo, le tienes miedo a mi perro?

—No, señora, pero como ya levantó la pata dos veces, a lo mejor me da una... patada.

Los rateros

Un par de pillos se hallan en un departamento robando, cuando escuchan la sirena de una patrulla:

—¡Maldición, la policía! ¡Salta rápido por la ventana!

—¿Cómo que salta? Estamos en el piso 13...

—No empieces con tus supersticiones, ¡salta, idiota!

Los árabes

Dos comerciantes árabes platicaban acerca de sus hijos:

—Oye, Abdul, ¿cómo te va con tu nuevo hijo?

—¡Terrible, Omar, me cuesta 30 mil pesos diarios!

—¿También lo compraste en abonos?

Aclarando las cosas

—¡Mesero, mesero!

—Diga usted, caballero...

—¿Usted cree que esto que está en el tenedor es carne de cerdo?

—¿De qué lado del tenedor, señor?

El jugador

El empleado de una empresa se acerca a su jefe y pregunta:

—Jefe, lo he notado triste y pensativo, ¿qué le sucede?

—Que ayer fui al hipódromo y perdí 20 millones en los caballos...

—¡Uy, jefe, si yo perdiera 20 millones me volvería loco!

—Yo no soy tu jefe, soy el presidente de los Estados Unidos...

La pregunta

—Perdone, ¿tiene piezas para automóviles?

—No, señor, allí enfrente. Y no se llaman piezas, se llaman garajes.

Otra pregunta

—Perdone, ¿no ha visto cerca de aquí un policía?

—¡Uy, hace como tres horas que no veo uno solo!

—Entonces, ¡arriba las manos!

La oración

El pequeño de la casa rezaba antes de ir a la cama:

—¡Papá Dios, por favor cuida a mamá, cuida a papá, cuida a mi hermanita, cuida a mi tía! Pero sobre todo, cuídate tú, porque si te pasa algo a ti nos hundimos todos.

Insomnio sin consecuencias

—Hace ya tres noches que no puedo dormir...

—Pues no se te nota, ¿por qué?

—Porque duermo en el día.

En el gran almacén

—Señorita, perdone, ¿dónde está el departamento de niños?

—¡Ya papá, ya no compres niños, ya somos muchos!

¡A cenar!

La mamá de Memito le grita para que baje a cenar:

—¡Memito, anda, baja a cenar! ¿Qué estás haciendo?

—Estoy viendo la televisión con papá.

—No inventes tonterías, tu papá aquí está...

—Pero yo estoy con papá el gato.

En el tribunal

El señor juez ordenaba molesto:

—¡Silencio en la sala! Les advierto que al próximo que vuelva a gritar "¡Abajo el juez!", lo mando sacar de la sala.

—¡Abajo el juez!

—La advertencia no es para el acusado, menso.

Pleitos de hermanitos

Dos pequeños de apenas cuatro años jugaban y uno de ellos comienza a llorar.

—¿Por qué llora tu hermanito, Laurita?

—Porque le pegué con mi pelota.

—¿Y por qué le pegaste con la pelota?

—Porque mi muñeca pesaba más.

¡Qué susto!

Llega el niño de la escuela y de inmediato le platica a mamá:

—Mamacita, ahora que salí de la escuela un enorme perro me correteó...

—¡Pobrecito, cuánto has de haber corrido!

—Lo que corrí no importa, ¡hubieras visto la alcanzada que me dio!

El avaro

¿Y ya conocen el cuento de aquel avaro que, para no gastar electricidad cuando leía, usaba velas y, para no gastar las velas, las apagaba cuando daba vuelta a la hoja del libro?

Música en el ejército

El oficial de un batallón da sus órdenes a los reclutas:

—¡Atención, soldados... firmes! Los que tengan disposición para la música, dos pasos al frente... ¡Muy bien! Ahora suban al quinto piso y bajen el piano.

En el tribunal otra vez

Un hombre estaba siendo juzgado por robo y llaman a uno de los testigos:

—Póngase de pie el testigo y diga a los señores del jurado lo que sepa.

—Bueno, señor juez, sé manejar, algo de matemáticas y algo de mecánica.

Opinión confirmada

El médico sale de su consultorio para decirle al hombre que esperaba:

—Caballero, debo decirle que ya examiné a su esposa y lo que vi no me gusta nada.

—¿Verdad que está muy fea, doctor?

En una fiesta

Un joven se acerca a otro durante una alegre reunión y le comenta:

—¿Ya te fijaste que esa muchacha de vestido rojo está horrible?

—No seas bobo, es mi hermana...

—¡Oh, perdona, no me fijé que se parecía a ti!

De soldados y pieles rojas

Allá en el viejo Oeste, cuando los Pieles Rojas luchaban contra los soldados de caballería, sucedió lo siguiente:

—¡Capitán, se acercan al fuerte unos 200 Pieles Rojas!

—¿Vendrán para atacarnos?

—No, yo creo que van a una fiesta porque todos vienen pintados.

Otro parecido

Sólo que este caso ocurre en la época actual...

—¡Capitán, se acercan unos tanques!

—¿Amigos, o enemigos?

—Yo creo que son amigos porque todos vienen juntos.

El aviso

A la hora de la comida un niño se acerca a su papá y le dice:

—Papacito, quiero decirte que hoy no me esperes en la noche.

—¡Cómo de que no te espere! ¿Por qué?

—Porque ya llegué, papá.

En el cine

Un joven llega ante el cuidador de un cine y pregunta:

—Perdone, ¿en este cine sí dejan tomar

refrescos?

—No, joven, está prohibido.

—¿Prohibido? ¿Y esos envases?

—Son de los que no preguntaron.

Uno de perritos

Llega el cartero a la casa de Edgarito y el perro comienza a ladrarle:

—Niño, espanta a tu perro...

—Perrito, corre porque ya llegó el diablo.

Otro más de limosneros

—¡Señor, por favor déme usted una limosna!

—Pero cómo se atreve a pedir limosna, si no tiene usted nada...

—No, señor, no tengo nada, me lo estoy comprando poco a poco.

Más sueldo

—Jefe, necesito que me aumente el sueldo, porque mi familia ya aumentó.

—¡Qué barbaridad! ¿Otro niño?

—No, ahora son mi hermano, su esposa, su suegra y cuatro hijos.

Receta para tosedores

—Doctor, fíjese que me la paso tosiendo todo el día y toda la noche, además me falta mucho el aire.

—Pues deje ya de fumar...

—¿Y así se me quita la tos?

—Pues quién sabe, pero por lo pronto ya no me apesta el consultorio.

La urgencia

—¿Está el señor?

—Sí, pero está comiendo.

—Es que me urge verlo...

—Pues si le urge, véalo por el ojo de la cerradura.

El solicitante honesto

Un joven había llenado una solicitud de empleo y el futuro jefe le dijo:

—Escuche, joven, antes de darle el puesto, necesito saber qué cualidades tiene.

—Bueno, puedo decir a usted que no fumo ni tomo y además soy muy puntual y trabajador; únicamente tengo un defecto...

—¿Cuál?

—Que soy muy mentiroso.

El glotón

El médico llegó a la casa de Oscarín porque el niño estaba indigesto...

—No puedo creer que el niño esté tan grave por tomarse un cuarto de leche.

—Es que antes de tomarse el cuarto de leche, ya se había tomado una sala llena de chocolates.

Primero dígalo bien

—Señor, una limosna...

—Una limosna, ¿por qué?

—Por favor...

—Por favor, ¿qué?

—Una limosna por favor...

—¡Eso, así me gusta, con educación! Lástima que no traiga dinero.

El trabajador

—¿Desde cuándo trabajas en esta fábrica, muchacho?

—Desde que me dijeron que me iban a correr si no lo hacía.

El beso

—Cuando iba mi hermano hacia Acapulco con Mary, le preguntó si quería ser su esposa y le dio un beso.

—¿Y qué pasó?

—Que por el beso ahora los dos están en la Cruz Roja de Acapulco.

Chiste cruel

—Papá, ¿me dejas jugar con ese esqueleto?

—¡Ay, muchacho! ¿Ya volviste a desenterrar a tu abuelita?

El herido

Se hallaba un hombre muy lastimado en el hospital, y una enfermera le preguntó:

—¿Por qué nunca viene su esposa a visitarlo?

—Porque también ella está hospitalizada aquí.

—¡Ay, pobrecita!

—¿Pobrecita por qué? Ella fue la que empezó el pleito.

Las calificaciones

El papá revisaba la boleta de calificaciones de su hijo:

—¡Mira nada más! ¡Geografía, cero, matemáticas, cero, historia, cero...! ¡Puros ceros, puros ceros...! ¡Ah, vaya, aquí hay un 10!

—Sí, papá, son 10 mil pesos que tengo que llevar porque rompí un cristal.

El fenómeno

Una nenita muy simpática le decía a su compañera de escuela:

—Fíjate que mi hermanito se rasca la nariz con los dedos...

—Yo también lo hago.

—¿Con los dedos de los pies?

La renta

Llega el cobrador a un departamento y le dice la señora:

—¡Ay, señor!, este mes no tenemos dinero, pero no se preocupe, la renta sigue corriendo.

—Pues que no corra mucho porque así no la voy a alcanzar jamás.

El dormilón

Pues resulta que Moy era un niño que siempre se dormía durante la clase, así que una de tantas veces le llamó la atención el maestro diciéndole:

—Oye, Moy, ¿por qué vienes a dormirte en la clase?

—Porque usted me manda a estudiar en la casa.

El vencedor
Un niño le decía a su amiguito:

—Mi perro es muy tonto...

—¿Por qué?

—Porque siempre que jugamos al dominó, le gano.

Los rancheros
Platicaban unos rancheros acerca de sus animales y el más mentiroso decía:

—Mi gallina pone todos los días un huevo.

—La mía hace lo mismo.

—Pero la mía lo pone ya frito.

Experimento
—Fíjate que hace unas semanas "crucé" a mi perico con una paloma mensajera.

—¿Y qué resultó?

—Una paloma mensajera que da los mensajes hablados.

Nacimiento
—Mira, en ese hospital nací...
—¿Estabas enfermo?

La bugambilia
—¿Por qué le dicen a tu hermana "la bugambilia"?
—Porque en todas partes se enreda.

Examen de anatomía
—A ver, niño, ¿en cuántas partes se divide el cuerpo humano?
—¡En tres, profesor!
—Menciónelas.
—¡La primera, la segunda y la tercera!

Geografía simplificada
—A ver, Lupita, ¿cuáles son las cinco partes del mundo?
—Las cuatro partes del mundo son tres: América y Europa.

En el circo
El dueño de un circo reclama molesto al domador:

—¡Eres un sinvergüenza! Cuando trajiste ese perro me dijiste que sabía leer...

—Y así es, señor; sabe leer.

—¡Mentiroso! Quiero escucharlo leer algo...

—No, señor, yo le dije que sabía leer, jamás le dije que sabía hablar.

Un asalto pobre

—¡Arriba las manos! Dame todo lo que traigas...

—¡Uy, no traigo ni un peso, estoy en la miseria!

—Yo también, te estoy apuntando con mi dedo.

En montón

—Fíjate que falleció mi abuelo.

—Lo lamento, ¿qué no lo atendió algún médico?

—Sí, lo atendieron tres.

—¡Así serán buenos, tres contra uno!

La gratificación

Un anciano llega ante el gerente de una empresa y pregunta:

—¿Me mandó usted llamar, señor?

—Sí, quiero darte este cheque por tus 50 años de servicios en esta compañía.

—¡Muchas gracias, señor!

—¡Espera! Debo decirte que, si te portas bien los próximos 50 años, te lo firmo.

Mi perro y yo

Un chamaco camina con su perrito por la calle y alguien le pregunta:

—¿A dónde vas con ese perro, muchachito?

—Pues como es muy listo, lo llevo a ver "Blanca Nieves".

—¡Ja, ja, já!... ¿En verdad piensas que a tu perro le interese esa película?

—¡Uy, cómo no!, cuando leyó el libro le gustó muchísimo.

Bolitas y estrellitas

Una niña le pregunta a su compañera que se talla los ojos:

—¿Qué te pasa, Mary, qué tienes en los ojos? ¿Por qué te los tallas tanto?

—No lo sé, sólo veo puras bolitas y estrellitas, ¡puras bolitas y estrellitas!

—¿No has visto un oculista?

—Ya te dije que sólo veo bolitas y estrellitas.

Es que no alcanza

Un ladrón es llevado ante el juez, y éste enojado le dice:

—¿Otra vez aquí? Pero si apenas hace un mes que te encerré por haberte robado 50 mil pesos...

—¡Uy, señor juez!, ¿y usted cree que con esta carestía 50 mil pesos alcanzan para un mes?

El consejo

—...Y recuerda siempre, hijito, que en la vida debemos de ser disciplinados, jamás olvides la fábula del lobo y el borrego.

—¿Cuál es, abuelito?

—Pues se trata de un borrego muy desobediente que nunca hacía caso a su mamá, siempre se quedaba atrás del rebaño; así que un día, por separarse del grupo, llegó el lobo y se lo tragó.

—¿Y eso qué, abuelito? Para el borreguito era lo mismo; si no se lo come el lobo, nos lo tragamos nosotros.

El accidente

Un policía se encuentra a media calle muy lesionado, ha sufrido un accidente por atropellamiento:

—¡No se mueva, oficial, ahorita voy por la Cruz Roja!

—No, mejor la Cruz Blanca, porque la Cruz Roja fue la que me atropelló.

La gordita

El marido llega con el médico familiar y le dice:

—Doctor, mi mujer sigue engordando, ¡no para de engordar!

—¿Ah, sí? Pues entonces llévese este cinturón dietético...

—Pero doctor... este cinturón es demasiado grande para ella.

—No es para ella, es para que se lo ponga al refrigerador y ya no pueda abrirlo.

El marranito

La familia viaja en el automóvil por la carretera, de pronto se atraviesa un cerdo y ¡zas!, lo atropellan.... Entonces el más pequeño pregunta:

—Papá, ¿por qué a ese puerquito no le salió dinero como al de mi alcancía?

Matón fanfarrón

Un pistolero con cara de gorila camina por la calle del pueblo presumiendo:

—¡Si esta pistola hablara, si esta pistola hablara!

—¡Ya cállate, bravucón! Si esa pistola hablara, ¿qué...?

—¡Ay, pues la metía a trabajar en un circo!

Yo quiero ir a la escuela

La nena pregunta a su mamá cuando ve a su hermanito partir hacia la escuela:

—Mami, mami, ¿cuándo iré yo también a la escuela?

—Pronto, hijita, ¿te gusta la escuela?

—Sí, dice mi hermano que son bien bonitas las vacaciones y la hora del recreo.

Otro hermanito

El pequeño Carlitos pregunta a papá:

—Papá, ¿a dónde fue mi mamá?

—A comprarte otro hermanito, hijo.

—¡Alcánzala y dile que mejor me compre una bicicleta!

De marinos

Unos marineros buceaban en el fondo del mar, de pronto sale uno de ellos y dice a su compañero:

—¡Oye, allá abajo hay una hermosa sirena, voy a sacarla para hacerla mi esposa!

—¡Estás loco!, a una sirena no puedes hacerla tu esposa.

—Entonces la saco y la hacemos ceviche.

De armas

¿Sabían ustedes que el inventor de la ametralladora fue un señor que tenía mucho hipo?

El artista

El esposo llega con su mujer muy feliz y le dice:

—¡Mujer, acabo de firmar contrato para filmar una película de caballos!

—¡Te felicito! ¿Qué papel llevas?

—Seré uno de los caballos.

De olvido

Dos niños platicaban de sus abuelos...

—¿De modo que tu abuelito murió por olvido?

—Así fue, como era marinero de un submarino, un día olvidó cerrar la escotilla.

Enjabonado

Un pequeño niño lloraba a la puerta de su casa cuando pasa por allí un ancianito y le pregunta:

—¿Qué te pasa, niño, por qué lloras?

—Por un pedazo de jabón.

—¿Por un pedazo de jabón? ¡Ahorita te regalo un jabón entero!

—No, por un pedazo de jabón que me comí.

La mamila

La mamá entra al cuarto de uno de los niños y le da sus nalgadas, entonces un vecinito pregunta al hermano mayor:

—¿Por qué le pegó tu mamá a tu hermanito?

—Porque a fuerza quiere comer en mamila.

—¿Y por qué no se la dan?

—Porque ya tiene 12 años.

El perro emplumado

El niño llega corriendo ante su mamá y le grita:

—¡Mamá, el perro que me trajiste tiene plumas en el hocico!

—No seas mentiroso.

—Sí, mamá, tiene plumas en el hocico, ¡se acaba de tragar al pajarito!

Peso completo

El niño leía el periódico de papá y le dice a su mamá:

—Mamá, dice el periódico que ayer nació un bebé pesando más de 100 kilos.

—¡Eso no es posible! No hay un bebé que nazca pesando tanto.

—Pues éste sí, porque es el hijo de una elefante.

Delgada

—¿Es verdad que tu hermana está muy flaca?

—¡Flaquísima! Tanto, que tiene que pasar dos veces por el mismo lugar para poder hacer sombra.

Tazas y orejas

—A ver, Polín, ¿de qué lado tiene la oreja esta taza, a la derecha o a la izquierda?

—La tiene del lado de afuera.

Un cuento muy corto

"Había una vez truz"

Asegurados

Iba un matrimonio en su automóvil por la carretera. De pronto, el señor le dice a su esposa:

—Oye mujer, ¿pagaste nuestro seguro de vida?

—Sí, ¿por qué?

—Porque ya nos quedamos sin frenos.

El patrón

—¡Caray, patrón, qué mal me trata usted, ojalá y me tratara como a su caballo!

—¡Ya cállate o te pongo a tragar alfalfa!

El necio

Un vendedor, sumamente necio, llega con un posible cliente y le dice:

—Señor, traigo lápices de colores...

—No, gracias.

—¿Papel para escribir?

—No, tampoco necesito...

—¿Borradores?

—¡No, señor, no!

—¿Plumones, reglas?

—¡No necesito nada, entienda...!

—¿Un diccionario?

—¡Ya lárguese de aquí que me está poniendo nervioso!

PARA NIÑOS ——————————— 103

—¿Pastillitas para los nervios?

—¡No, ya váyase por favor, me va usted a matar de un coraje!

—Le vendo su caja, le vendo su caja...

Los náufragos

Después de que el barco se ha hundido, uno de los marineros dice a su capitán:

—Ya me cansé de nadar, capitán, yo creo que me voy a ahogar aquí en el mar...

—¡Animo, marinero, ánimo!, siga nadando, hay tierra a sólo 200 metros de aquí.

—¿En qué dirección?

—Hacia abajo.

¿De dónde vienen los niños?

Varios niños alegaban acerca de su procedencia, todos presumían de algo especial.

—A mí me trajo la cigüeña de París.

—¡Pues qué atrasados están en tu casa!; a mí me trajo un Boeing 727.

De idiomas

—¿Ya notaste qué bien habla el español ese chino?

—No está hablando español, lo que pasa es que tiene la boca llena de arroz.

Uno de Pepito

La mamá de Pepito lo regaña diciéndole:

—¡Niño tonto!, te dije que me avisaras cuando se subiera la leche.

—Se subió a las seis de la tarde, mamá.

Locura

La mujer muy entusiasmada comenta al marido:

—¿Ignorabas que yo estoy loca por las telenovelas?

—Bueno, sabía que estabas loca, pero no sabía por qué.

¿Cuál es el problema?

—¡Una limosna por favor, en mi casa ya no hay pan!

—¿No hay pan? Pues aprendan a comer galletas.

Los soldados

Varios soldados platicaban nerviosos en el frente de guerra...

—Cuando termine esta guerra me dedicaré a

los negocios, empezaré con un almacén de juguetes. ¿Y tú, qué te gustaría ser cuando termine la guerra?

—Sobreviviente.

El tragón

A la hora de salir para su trabajo, el señor le dice a su esposa:

—Ya me voy, Licha, por favor prepárame 20 huevos fritos.

—¿¡Te vas a comer 20 huevos fritos!?

—No, únicamente los 10 que te salgan mejor.

Niño malora

La mamá de Rubén le llama a éste la atención diciéndole:

—Eres muy malo, Rubencito, ¿por qué le pegas a tu hermana estando dormida?

—Porque no puedo pegarle cuando está despierta.

El precavido

Preguntaba el maestro a uno de sus alumnos:

—Dime, Raúl, ¿qué precauciones toman en tu casa con el agua para evitar enfermedades?

—Pues principalmente hervirla, profesor.

—¡Muy bien! ¿Así que toman agua hervida?

—No, el agua es para el perro, nosotros tomamos refresco.

El rey de los inocentes

—¡Ay, niño!, ¿por qué serás tan tonto?

—Ni tanto, tengo un hermano que es más tonto que yo.

—No lo creo.

—Pues es tan tonto, pero tan tonto, que ayer lo llevaron al cine por primera vez y gritó: ¡Qué televisión tan grande!

Del uno al diez

Dos niños platicaban de sus papás...

—Mi papá sólo cuenta hasta 10 y ya no puede seguir...

—¡Uy, qué vergüenza, que sólo cuente hasta 10!

—Y gana mucho dinero contando sólo hasta 10.

—¿A qué se dedica?

—Es réferi de box.

Adivinanza

—¿Sabes qué le dijo la cuchara al azúcar?

—No, ¿qué le dijo?

—Nos vemos en el café.

Chiste sucio

—¿Qué le dijo una mosca a la otra?

—¿Qué le dijo?

—Te invito a mi caca.

El veloz

—No me explico cómo puedes decir tantas tonterías en un minuto...

—Es que soy muy rápido.

Chiste verde idiota

"Había una vez una señora que siempre se vestía de verde, y un día que iba pasando por un parque muy verde, se le apareció un pajarito verde y la "llenó" de verde. Entonces la señora se limpió con un pañuelo verde, pero cuando atravesaba la calle, que pasa un camión verde y la atropella. Entonces llegó la Cruz Roja y se la llevó."

¡Uno, dos, tres...!

La pelea por el campeonato se desarrollaba espectacularmente, de pronto cae el retador por un izquierdazo y el réferi dice:

—¡Uno, dos, tres, cuatro...! ¿Puedes seguir peleando?

—Sí, pero mañana.

De elefantes

—¿Saben ustedes cuál es el animal que tiene unas orejas grandotas, grandotas, una trompa grandota, grandota, unas patas grandotas, grandotas, una colita chiquita, chiquita, y que trabaja en el circo?

—¡El elefante!

—No, es una elefanta.

¿Ah, verdad?

Una viejita caminaba por la calle llevando a su nieto de la mano. El niño saboreaba una rica paleta y de pronto, ¡zas!, que se le va al suelo. La iba a levantar y la abuela lo jaló diciéndole:

—No la levantes porque ya la besó el diablo.

No acababa de decir esto, cuando la viejita tropieza y también se va al suelo y dice suplicante al niño:

—Levántame, hijo...

—No, porque ya te besó el diablo.

En el Africa

Un niño caníbal gritaba a su mamá a la hora de la comida:

—¡Ya no quiero a mi hermanito, ya no quiero a mi hermanito!

—¡Cállate y cómetelo!

Acertijo

—Dime, Raulito, si cae un elefante a un río, ¿cómo lo saco?

—Pues completamente mojado, maestro.

El rey

Un enorme león caminaba por los parajes de la selva y preguntaba a otras fieras rugiéndoles:

—¿Quién es el rey de la selva?

—Tú, leoncito, tú —decía el venado asustado.

Y así seguía preguntando a todos en tono amenazante, hasta que topó con el elefante; al gritarle a éste "¿Quién es el rey de la selva?", el elefante lo tomó con la trompa, lo sacudió con violencia y lo azotó en el suelo. Entonces se levanta el león muy lastimado y dice humildemente:

—Bueno, elefantito, si no sabes quién es, no te enojes.

El mareo

El pequeño de apenas cuatro años preguntaba a su hermanito de siete:

—Oye, Beto, ¿por qué cuando hago popó todo me da vueltas y me mareo?

—Porque en lugar de sentarte en el water te metes a la lavadora.

Frases célebres

El maestro mencionaba algunas frases célebres a los alumnos y decía:

—...Y no olviden que siempre debemos de ser discretos, porque como dijera don Miguel Hidalgo: "La lengua guarda el pescuezo".

—O como dijera Confucio, el filósofo chino, maestro...

—¿Cómo dijo, Paquito?

—¡Kúkala mákala, títele fue!

—¿Eso dijo Confucio?

—Sí, cuando tenía tres años.

Adivinanza infantil

—¿Qué es un lodo?

—El lodo es tierra con agua.

—No, lodo es un pájado vede que habla.

Otra más

—No es lo mismo "Bosa nova", que "no, babosa".

La flaca

"Hubo una vez una niña tan, pero tan flaca, que sus costillas parecían persianas"

El triste

Un señor lloraba en la oficina muy triste y el jefe le pregunta:

—¿Por qué lloras, Gustavo?

—Porque ya van tres días que no veo a mi familia... ¡No veo a mis hijos!

—¿Se fueron de viaje?

—No, es que como llego muy noche, a esa hora ya se acostaron.

La picosa

"Había una vez una abeja que perdió su aguijón y andaba desesperada porque ya no podía picar; entonces, para poder picar, se untó chile habanero"

El extraño

Un hombrecillo muy extraño se acerca a un niño y le dice:

—Vengo de Marte...

—¿De marte de quién?

Lo normal

Un chiquillo muy ocurrente le decía a su prima:

—Yo nunca falto a la escuela, únicamente cuando tengo gripa.

—¿Y qué haces cuando tienes gripa?

—¡Toso y estornudo!

La razón

—¿Saben por qué los futbolistas usan pantaloncillos cortos?

—No, ¿por qué?

—Porque cuando se formó el primer equipo no alcanzó la tela para todos.

Compadecido

Un niño deseaba que lo llevaran al cine y le decía al papá:

—¿Por qué no quieres llevarme al cine, papá?

—Porque la última vez que fuimos te pusiste a

llorar cuando los tigres se comieron a los cazadores.

—Yo no lloré porque se los hayan comido, papá...

—¿Entonces?

—Lloré porque un tigre chiquito se quedó sin comer.

El chiste

—¿Quieres que te cuente un chiste al revés?

—¡Sí!

—Pues primero te tienes que reír...

De locos

Decía un chiquillo a su vecino:

—Yo tengo un primo que está loco.

—¿Y es un loco pacífico?

—No, es un loco "atlántico".

El herido

El médico militar preguntaba al herido recién llegado:

—A ver, dígame, ¿cómo es que resultó tan gravemente herido?

—Cuando salté del avión, doctor.

—¿Acaso no se abrió el paracaídas?

—¡Cómo! ¿Tenía que saltar en paracaídas?

El enfermito

El niño se enfermó súbitamente, así que el doctor llegó a visitarlo:

—Dime, Javier, ¿hiciste lo que te recomendé acerca de que tomaras dos tantos más de leche que de refresco?

—Sí, doctor, pero ayer tuve que tomarme diez litros de leche.

Chiste rápido

—¿Qué haré para saber en dónde está la oficina de correos?

—Eso es fácil, escribe una carta y síguela.

La viejita mentirosa

Una ancianita le decía a cierta nenita en el parque:

—Pues aunque no me creas, hijita, yo sólo he visto pasar 40 primaveras.

—Y como 60 inviernos, ¿verdad?

Otro parecido

—Pues aunque no me creas, nena, yo sólo he visto 40 primaveras.

—¡Pobrecita de usted! Se quedó cieguita muy joven, ¿verdad?

Buen escondite

—Oye, ¿tú has visto alguna vez a un elefante escondido en una nuez?

—¡Nooo!

—Qué bien se esconden, ¿verdad?

El viajero

Un tipo muy presumido le decía a sus compañeros de oficina:

—Yo he viajado por Alemania, Francia, Inglaterra, Italia, Japón, Japón y Japón.

—Repetiste tres veces Japón...

—Sí, es que en Japón he estado tres veces.

Otro viajero

—Yo cuando viajo no me gusta llevar absolutamente nada en las manos.

—¿Nada?

—Bueno, sólo mis dedos.

El perfecto

—A mi tío Arnulfo le cortaron un dedo de cada mano...

—¿Por qué?

—Porque se veía mejor con cinco dedos en cada mano.

Las preguntas

—Oye, tío...

—Dime, Jorgito.

—¿Hipócrates fue el padre de la medicina?

—Así es, hijo...

—¿Y Pitágoras el padre de las matemáticas?

—Efectivamente...

—¿Entonces Amígdalas fue el papá de las anginas?

Exageración

"Había una vez un carro tan chiquito, pero tan chiquito, que cuando le daba hipo al chofer saltaban los dos."

El regreso

—¡Mamá, mi papá está regresando!

—¿Está regresando a la casa?

—No, está regresando la comida... ¡está vomitando!

Pregunta boba

—Oye, ¿tú crees que los mensos puedan tener hijos?

—Pregúntale a tu papá.

El shampú

Una nenita platicaba a su amiguita:

—Mi mami se puso un shampú multicolor para que le saliera más pelo...

—¿Y le dio resultado?

—No, en vez de salirle más pelo le salieron serpentinas.

El niño mago

Un niño muy listo llegó a su clase y le dijo al maestro:

—¡Maestro, fíjese que soy mago y adivino! Ahorita, por ejemplo, puedo ver que trae unos calzones blancos con rayas azules...

—¡Ah, caray!, ¿y cómo lo supiste?

—Porque se le olvidó ponerse los pantalones.

En el hotel

Un señor llegó al hotel, tomó una habitación y poco después comenzó a gritar:

—¡Quiero que me cambie inmediatamente de habitación! ¡Cámbieme inmediatamente de habitación!

—Ya, señor, no grite tanto, ¿por qué quiere que se la cambiemos?

—¡Porque ésta se está incendiando!

La enfermita

—Me voy porque tengo a mi abuelita muy enferma de "enteritis".

—¿Enteritis? ¿Qué es la enteritis?

—Enteritis es cuando las personas se mueren enteritas.

Aviso

¡Atención, mucha atención! No se preocupe si pierde la blancura de sus dientes, preocúpese cuando empiece a perder sus dientes.

El experimento

—¿Qué estás haciendo, niño?

—Estoy tratando de que este mosquito se case con esta luciérnaga...

—¡Ay, hijito!, ¿y para qué quieres casar un mosquito con esa luciérnaga?

—Para que nazcan mosquitos que puedan fijarse en dónde diablos pican.

A prueba de golpes

—Te voy a dar unos golpes para que se te quite lo menso.

—¡Uy, no! A mí lo menso no me lo quita nadie.

Cuidadoso

—Ayer un señor se cayó de un sexto piso y no le pasó nada.

—¿Por qué?

—Porque se cayó con mucho cuidado.

Qué acomedido

Un chofer es detenido y llevado a la policía acusado de atropellamiento...

—Dígame, ¿acaso no vio que una viejita se atravesaba en su camino?

—Sí, señor juez, la vi perfectamente.

—¿Y entonces, por qué no le tocó el claxon?

—Porque no la quise asustar.

El bondadoso

Un niño de tercer año le decía a un amiguito de primero:

—Mi maestro es muy atento y bondadoso, se quita la comida de la boca para dársela a los pobres.

—Eso no es ser bondadoso, eso es ser cochino.

Adivinanza

—¿Cuál es el lápiz que mata?

—Lapis...tola.

Lecciones de idiomas

—¿Cómo se dice en japonés: "el tren atropelló al perrito"?

—Pupumato a guaguachito.

—¿Y cómo se diría lo mismo en francés?

—Le pupú mató le guaguá.

—¿Y en chino?

—Ta aplastao pekinés.

De locas

—Oye, Garis, allá en la esquina está una señora loca y muda que está hablando.

—¿Y cómo puede hablar si está muda?

—Ya te dije que está loca.

La lengua

—A ver, niño, saca la lengua...

—¡Ahh!...

—¡Sácala toda!

—No puedo sacarla toda.

—¿Por qué?

—Porque está pegada.

LETRAS JUGUETONAS

En esta página vamos a entretenernos unos minutos jugando con letras y palabras. ¿Están listos?

Las letras siguientes debes acomodarlas para formar cinco palabras diferentes: "A O R M"

Enseguida una pregunta: ¿Qué le pide el bebé a su mamá? "C E L H E"
Ordena las letras anteriores y sabrás lo que le pide.

Con las letras siguientes puedes formar seis palabras diferentes, ¿cuáles son?... Estas son las letras: "G I R A L E A"

Pon en su lugar las siguientes letras y forma una frase:
"SOL ÑOSIN NOS SOÑESURI"

Acomoda las cuatro letras que siguen y encontrarás el nombre de un animalito verde: "N A R A"

Un niño le gritó a un señor: ¡A G I O!, pero el señor no volteó. Lo que tenía que hacer el niño cuando gritó, era decir esas letras en otro orden; ¿cómo?

Enseguida sólo tienes que cambiar una letra de lugar, y encontrarás lo que necesita la humanidad: "R A M A"

Hay algo con lo que la gente manifiesta su alegría; encuentra lo que es, acomodando estas letras: "A S I R"

Las letras siguientes te dirán, cuando las acomodes en su lugar, cómo tienes que ser para encontrar las soluciones: "L I G A".

(Solución en la página 124)

Soluciones a lo anterior:

Si acomodaste las letras "A O R M", entonces encontraste:
ROMA, OMAR, MORA, RAMO y AMOR.

¿Qué le pide el bebé a su mamá? ¿CELHE?
No, le pide LECHE.

Con las letras " G I R A L E A " se pueden formar estas palabras: GALERIA, ARGELIA, ALERGIA, REGALIA, LEGARIA, y de pilón: ¡ALEGRIA!

Si lograste colocar en su lugar las letras "SOL ÑOSIN NOS SOÑESURI", sabrás entonces que LOS NIÑOS SON RISUEÑOS.

El nombre del animalito verde es: "RANA"

Si el niño en vez de gritar ¡A G I O!, gritara: ¡O I G A!, el señor hubiera volteado.

Lo que la humanidad necesita urgentemente es: ¡A M A R!

¿Cómo manifiesta la gente su alegría? Con "RISA".

Para encontrar las soluciones a todo lo anterior, tienes que ser: "A G I L".

Secos pero educados

—¿Y cómo les va con el rancho que compraron?

—Muy mal, lo primero que hicimos fue sembrar árboles de manzanas, pero crecieron tan secos, que en vez de darnos manzanas nos dieron excusas.

El complejo

—¿Así que ya no se siente usted una gallina?

—Ya no, doctor.

—¿Desde cuándo?

—Desde que dejé de poner huevos.

Limosnero próspero

—Una limosna por el amor de Dios... ¡una limosnita por amor de Dios!

—¡Oiga...! ¿Y ahora por qué pide limosna con un sombrero en cada mano?

—Porque me ha ido tan bien, que he decidido abrir una sucursal.

El tenista

Había una vez un tenista tan menso, pero tan menso, que cuando competía en un partido de tenis, no sólo perdía el partido, además perdía los tenis.

Otra pregunta

—A ver, Joaquín, ¿qué es una aceituna?

—Una aceituna es un chayote pequeño y rasurado.

La pena

—¿Ya sabías que en Estados Unidos muchas personas se mueren por la pena?

—¿Por la pena?

—Sí, por la pena de muerte.

Chiste cruel

Había un señor tan gordo, pero tan gordo, que un día pisó a una viejita, y en vez de decirle "Usted perdone", le dijo: ¡Descanse en paz!

Las parejas ideales

Hay un pueblito en Sudamérica en donde las personas escogen a sus parejas conforme a su nombre. Así, por ejemplo, una señorita Remedios se casó con el boticario; Mercedes con un automovilista; Socorro con un salvavidas, Caridad

con un limosnero; Amparo con un abogado;
Prudencia con un político; Marina con un náufrago
y Refugio con un prófugo.

...Y mi hermana la soltera se casó con mucho
gusto.

Causa de defunción

—Oye, ¿qué sabes tú del Mar Muerto?

—Que seguramente lo atravesó un pez
espada.

Un choque "normal"

—Dice aquí el periódico que en el mar
Mediterráneo un barco chocó de frente con un
automóvil...

—¿Pero cómo pudieron chocar un barco y un
automóvil?

—Ya te dije que de frente.

Chiste de mensos

Había una vez un señor tan menso, pero tan
menso, que un día le dieron trabajo de planta y
el muy menso se metió a una maceta.

El parecido

—¿Por qué no quieres ir a la escuela, niño?

—Porque mi maestro se parece a Cristóbal Colón y ese señor me cae mal.

El cielo

—¡Hijito, si no te portas bien y te vas a la cama, nunca irás al cielo!

—¿Y para qué quiero ir al cielo? Aquí estoy feliz viendo la televisión.

Niño listo

La mamá de Nenito lo regañaba diciéndole:

—¡Eres muy latoso, niño! ¿No te gustaría ser como tu primo? A él siempre le lleva regalos su mamá...

—Pues le voy a decir a mi primo que si cambiamos de mamá.

Respondón

Como el niño era muy latoso, el maestro le llamó la atención diciéndole:

—Eres terrible, Salvador, a tu edad yo era un niño muy educado.

—Y a la suya mi abuelito era millonario.

La tarea

—¿Cómo te fue con el nuevo maestro, hijo?

—Como me dejó mucha tarea, le di un abrazo...

—¿Le diste un abrazo?

—Sí, porque es la última vez que lo veo.

Facilidades

—Dime, Quique, ¿para qué sirve una caja fuerte?

—Para que los ladrones encuentren más pronto el dinero.

El teléfono

Había una vez un señor tan sordo, pero tan sordo, que contestaba el teléfono aunque no sonara...

El disfraz

Había una vez un señor tan feo, pero tan feo, que tuvo que disfrazarse de televisor para que lo pudieran ver...

Ratonero

—A mí me gusta viajar mucho, y cuando llego a mi habitación, exijo que me le pongan ratones. ¡Muchos ratones!

—¿Y eso por qué?

—Porque siempre viajo con mi gato y es muy juguetón.

Inútil

—A ver, niño, ¿para qué nos sirve el Sol?

—¡Para nada, profesor!

—¡Cómo que para nada...! Nos sirve para iluminarnos y calentarnos.

—Sí, pero el chiste es que saliera de noche, cuando todo está oscuro y hace frío.

Antes y ahora

—Antes de ser millonario trabajaba como un animal.

—¿Y ahora?

—Ahora soy un animal millonario.

¡Qué raro!

—Qué raro, hace diez años era hijo de mi padre y ahora soy el padre de mi hijo...

El difunto

—¡Mary, qué bueno que te encuentro! Pasé por tu videoclub y vi un letrero que decía:

"Cerrado por defunción"; ¿quién se murió?
—Mi videoclub.

Las muletas

—Mi suegra se fracturó la pierna derecha...
—Pues cómprale unas muletas.
—¡Ni de broma! Precisamente se la fracturó por andar con muletas.

Noticia

"Hoy se informó desde un país africano que un matrimonio tuvo tres hijos el mismo día, pero nacieron tan feos que tuvieron que tirarlos."

El mentiroso

Había una vez un hombre tan mentiroso, pero tan mentiroso, que llamaba a su perro para darle de comer y el perro no le creía nada...

¡Otro mentiroso!

Hubo una vez un hombre tan mentiroso, pero tan mentiroso, que ya tiene dos años muerto y nadie se lo quiere creer.

¡Pues qué esperaba!

Un tipo llega a un hotel muy barato, toma una habitación, y minutos después baja enojado gritando:

—¡Oiga usted, el cuarto que me dio está lleno de ratones!

—Pues por los 10 mil pesos que pagó no le voy a dar una corrida de toros.

La gorda completa

Una señora gorda, pero muy gorda, hacía esfuerzos por subir a un autobús y no podía, y mientras, un hombre se reía...

—Si fuera usted medio caballero me ayudaba.

—No, yo le ayudaría si fuera usted media gorda.

La tormenta

Un joven que era muy tonto, estaba a punto de salir de casa de su novia cuando se vino una tormenta...

—No te vayas, está lloviendo muy fuerte, espera aquí, subiré y le diré a mamá que te quedes en la habitación para huéspedes.

La chica subió y, cuando bajó, encontró al novio completamente mojado...

—¿Para qué saliste?
—Fui por mi pijama.

El árbol parlante

Una señora visitaba una hermosa huerta en donde habían preciosos árboles frutales. De pronto se paró ante uno muy frondoso y exclamó:

—¡Oh, qué manzano más lindo! ¿Qué me diría si pudiera hablar?

—Te diría que no seas tonta, porque soy durazno, no manzano.

Los cuernos

Unos turistas paran su automóvil y preguntan a un indito:

—Oye, muchacho, ¿nos falta mucho para llegar a Toros?

—Nomás los cuernos, señor.

La vanidosa

Una mujer muy presumida preguntaba al niño de su vecina:

—Entonces, ¿cuántos años crees que tengo, Carlitos?

—Pues por su cutis parece de 20, por su pelo, de 30 y por sus dientes de 40...

—¿Entonces?

—Veinte, treinta y cuarenta, ¡noventa!

La descripción

Un señor llega a la tintorería a recoger su traje y al ver las letras PCOP, pregunta:

—¿Qué significan estas letras en mi traje?

—PCOP son su descripción...

—¿Mi descripción?

—Sí, significan: Propietario Cuatro Ojos y Pelón.

El pitiripiti

—Ayer capturé un Pitiripiti...

—¿Y qué es un Pitiripiti?

—Un Pitiripiti es el hijo del Pitiripi...

—¡Ah, vaya! Ahora dime, ¿qué es un Pitiripi?

—Pues un Pitiripi es el hijo del Pitiri...

—¡Con un demonio!, ¿y qué diablos es un Pitiri?

—El Pitiri es el abuelito del Pitiripiti.

Familiar

Un ciclón que soplaba fuerte le dice al árbol:

—¡Soy el ciclón, pariente del vendaval! ¿Me reconoces?

—Sí, tienes aire de familia.

La penicilina

La mamá de Luisito al ver que está delicado lo lleva con el médico...

—Mire, señora, a este niño tengo que ponerle antibiótico.

—¡No, mamá, que no me ponga antibiótico, yo quiero seguir llamándome Luisito!

El sueño

—Tuve una pesadilla espantosa, soñé que ganaba 1,000 dólares a la semana...

—¿Y por qué dices que fue pesadilla?

—Porque desperté cuando me los iban a pagar.

Entre mentirosos

Dos niños muy mentirosos platicaban...

—Ahora que estuve en Marte, platiqué con el rey de los marcianos...

—Ya lo sabía, ayer me habló por teléfono y me lo dijo.

El préstamo

—Oye, necesito que me prestes 20 mil pesos.

—Lo siento, sólo tengo 10 mil.

—Bueno, préstame 10 mil y me debes 10 mil.

El millonario

—Yo tardé 20 años en darme cuenta de que no tenía vocación para cantar, que mi camino era otro...

—¿Y por qué no dejaste de cantar?

—Porque cantando me hice millonario.

¿Será brujería?

Entra la mamá de Jorgito a casa y le dice al papá:

—Querido, la cochera está embrujada...

—¿Embrujada?

—Sí, ahora que metí el auto escuché unos golpes y unos ruidos espantosos.

La suegra

—La semana pasada llevé a mi suegra a un concurso de vacas...

—¿Y le gustó?

—Sí, porque ganó.

Uno de argentinos

Un argentino abraza fuertemente a su novia y ella exclama:

—¡Dios mío!

—Puedes decirme simplemente Bruno.

En la clase

Durante la clase de español uno de los alumnos pregunta al maestro:

—¿Cómo se escribe bala?

—Como suena.

—¿PUM?

Sin nombre

Un niño encuentra a un perrito sin patas y lo lleva a su casa. Llega un vecino y le pregunta:

—¿Cómo se llama tu perro?

—No tiene nombre, para qué... Sin patas, si lo llamo, de todos modos no viene.

Esos matasanos

El abuelo se encuentra grave en un sanatorio, varios médicos lo han examinado y no encuentran el mal, finalmente uno de ellos anota en su expediente:

"SDS".

—¿Qué significan esas letras, doctor?

—¡Sólo Dios Sabe!

Remedio

—¿Qué te dio el médico para levantarte?

—Un despertador.

De gallegos

Dos gallegos estaban en las playas de Cancún, cuando vieron salir del mar a un buzo; entonces uno de ellos dice molesto:

—¡Mira ese hombre, saliendo del agua!

—¡Qué tontos fuimos, de haber sabido que podíamos llegar caminando, no gastamos en el avión!

El traficante

—¿A qué se dedica tu papá, Nachito?

—Es traficante, profesor...

—¿Traficante?

—Sí, dirige el tráfico.

El publicista

—Mi papá es muy buen publicista; la semana pasada hizo un anuncio tan bueno para vender autos, que ya van cinco que compra.

El mesero

—¡Mesero, una mosca en mi sopa!

—Lo siento, señor, se nos terminaron.

En la escuela

El pequeño Arturo insistía en sentarse en las primeras bancas del salón...

—No entiendo por qué quieres estar adelante, Arturito...

—Porque no veo bien, profesor.

—A ver, vamos a que te examinen de la vista.

—No es necesario, ¿ve usted ese lápiz que está en el suelo?

—Sí, perfectamente.

—Pues yo no lo veo.

Colmo

El colmo de un niño destructivo, es que le regalen un reloj y lo despedace en dos segundos...

El honrado

Era un hombre tan honrado, pero tan honrado, que se pasó 20 años sin trabajar, y el día que encontró trabajo, como era tan honrado lo devolvió...

El menso

Un menso llega a una oficina y solicita empleo...

—¿Qué día nació?

—No lo recuerdo, estaba yo muy pequeño...

Otro parecido

—¿Tiene madre y padre?

—Sí, señor, uno de cada uno...

La soprano

La cantante se lucía con una canción y de pronto el director de la orquesta le pregunta:

—¿Qué fue eso?

—Un La bemol, maestro...

—Pues a mí me pareció un la-drido.

Pretextos

—No me explico cómo pudiste fallar teniendo al enorme elefante enfrente...

—Bueno, el elefante era enorme, pero mis balas eran chiquitas.

En el orfanato

Decía una monja a las niñas de un orfanato muy pobre:

—Tomen asiento, niñas, porque es lo único que van a tomar hoy.

La golpiza

Un señor que necesitaba dinero para comer, acepta pelear con un boxeador profesional. Al subir al cuadrilátero el réferi le entrega 100 mil pesos y le dice:

—Toma, aquí están los 100 mil pesos que te ofrecieron por pelear con el campeón...

—Me va a pegar mucho, ¿verdad?

—¡Hasta que devuelvas los 100 mil pesos!

¡Auxilio!

Un policía guardabosques encuentra a un hombre manoteando dentro del lago y le grita enojado:

—¡Oigame! ¿No vio el letrero? Está prohibido bañarse aquí...

—¡No me estoy bañando! ¡Me estoy ahogando...!

Las damas

Una dama pregunta a su compañera:

—Dime, Licha, ¿35 es par o impar?

—Es impar...

—¡Qué raro! Acabo de ver un aparador de medias que indicaba: 35 pesos par.

Sangre fría

Dos niñas platicaban acerca de sus familiares y una de ellas decía:

—Mi abuelita es más valiente que mi abuelito; ¡qué sangre fría tiene!

—¿De veras?

—Tiene la sangre tan fría, que anoche la picó un mosco y a éste le dio pulmonía.

Aspirante calificado

Llega un joven a solicitar empleo en una empresa y le preguntan:

—¿Habla usted inglés?

—No, pero lo oigo muy bien.

El limosnero

Un limosnero pedía dinero en la calle diciendo:

—Por favor, una limosna para reunirme con mi familia...

—¿Cuánto necesita para reunirse con ella?

—Sólo 100 pesos, es que se metieron al cine y no puedo completar.

Los gallegos

Dos gallegos venían caminando por las calles de una ciudad y dice uno de ellos:

—¡Mira cómo anuncian aquí, café Lido!

—Es verdad, allá en el pueblo decimos, café molido.

El perrito

—Tengo un perrito extraordinario, cuando quiere baila como hawaiana y cuando quiere canta como Frank Sinatra...

—¿En serio?

—Sí, lo malo es que nunca quiere.

El alumno

—A ver, niño, contesta: ¿qué es la geometría?

—No sé, maestro...

—¿Cómo que no sabes?

—No, maestro, yo no vengo a enseñar, vengo a que me enseñe usted.

El cocinero

Un cocinero chino decía a su patrón:

—A mí gustalme más las lechugas que las coles, polque las coles me cansan...

—¿Y por qué te cansan?

—Polque coles y coles y te cansas.

En el metro

Dos nenas y su mamá abordan el metro cuando éste va repleto. Las niñas se adelantan y la mamá les grita:

—Niñas, ¿tienen asientos?

—Sí, mamá, lo que no tenemos es dónde ponerlos.

Por el mismo sueldo

Llega el jefe a la fábrica y encuentra a uno de los obreros leyendo una revista...

—¡Mira nada más! ¿Acaso te pago para que vengas a leer revistas?

—No señor, esto lo hago gratis.

La dieta

—¡Hola!, ¿qué tal te sientes con tu dieta a base de pura leche?

—¡De maravilla, ya peso 90 litros!

Locamente enamorados

—Esos dos sí que están enamorados, se aman locamente...

—Bueno, es que se conocieron en un manicomio.

El relojero

—¿Y qué tal es el relojero que te recomendé?

—Pésimo... Dejó tan mal mi reloj, que ahora en vez de darme la hora me la pregunta.

La herencia

—Tú heredaste los ojos y las cejas de tu mamá...

—Sí, y los calzones de mi papá.

El cumpleaños

—Ayer fue cumpleaños de Moly, le hicimos su pastel y estuvo muy feliz, lástima que al final se portó mal y lo destruyó todo en el comedor...

—¿Quién es Moly?

—Mi vaca.

El creyente

—Abuelita, ¿qué es un creyente?

—Un creyente es una persona que cree en Dios pero todos los días le pide algo, no deja de molestarlo...

—Por eso yo mejor te lo pido todo a ti.

Acerca de inventos

El automóvil lo inventó un señor que iba a hacer una bicicleta pero le sobraron dos ruedas...

La tos

—Dice el doctor que tienes muy fuerte la tos, pero que eso a él no le preocupa...

—¡Claro, como él no es el que tose!

La diferencia

—¿Cuál es la diferencia entre una habitación que se incendia y una vacía?

—No lo sé.

—Pues que en la primera salen llamas y en la segunda llamas y no salen.

El actor invisible

—Yo trabajé en una película titulada: "No se veía nada".

—¿Y entonces por qué vi la película y no apareces tú?

—Porque no se veía nada...

La niñita

—¡Mamacita, fíjate que un niño está allí afuera llorando por mí!

—¿Tanto te quiere, hijita?

—No, es que lo acabo de atropellar con mi bicicleta.

Chiste tonto

—¿Qué es un agujero?

—Un señor que vende agujas.

En el elevador

Un viejito entra al elevador y el elevadorista le pregunta:

—¿Qué piso, señor?

—¡Mi pie, menso!

Negocios entre niños

Dos niños arreglaban un "negocio":

—Mira, Pepe, dame tu paleta, si está buena te presto mi patineta.

—Mejor préstame tu patineta y si está buena te doy mi paleta.

¡Vaya restaurante!

—¿Y qué tal el servicio en ese restaurante?

—¡Pésimo! Ayer que fui pedí una torta y me mandaron por el pan...

El niño perdido

El pequeño Pablo se acerca al policía de una tienda y le dice:

—Señor policía, si ve a una señora muy asustada gritando que perdió a su niño, le dice que fui por un helado.

Pequeña equivocación

Una niña se encuentra a su compañera de escuela y le pregunta:

—¿Por qué no has ido a la escuela, Chepina?

—Porque no he podido conseguir el dinosaurio que me pidieron...

—No era dinosaurio, lo que te pidieron fue un diccionario.

La aspirina

Un niño entra a una farmacia y pide una aspirina; cuando se la dan él aclara:

—Pero la quiero envuelta para regalo.

—¿Una aspirina envuelta para regalo?

—Sí, señorita, es que mi mamá acaba de cumplir un año con dolores de cabeza.

La búsqueda

—¡Vente, vamos a tomar un café...!

—No, ando en busca de un cajero.

—¡Pero si acabas de contratar a uno!

—A ése es al que busco.

Niño exagerado

Un niño preguntaba a su amiguito:

—¿Tu mamá está gorda?

—¡Uy, demasiado! Está tan gorda, que el pobre de papá tiene que echar dos viajes para poder meterla al carro.

Otro de holgazanes

Dos holgazanes se hallaban tirados en un parque y decían:

—¡Qué apetito tengo, ojalá y nos cayeran unos plátanos en la boca!

—Sí, pero ya sin cáscara.

El turista

Un extranjero llega a cierta ciudad, se

encuentra a un campesino y pregunta:

—¿Tú sabes dónde está la oficina de correos?

—No, míster.

—¿Sabes dónde queda un banco?

—No, míster.

—¿Sabes dónde está una oficina de información?

—No, míster.

—¡Eres un menso!

—Sí, soy un menso, pero no ando de preguntón.

La quemada

Una dama llama a su esposo por teléfono para avisarle que se quemó la comida.

El señor la oye tan angustiada que la calma y le dice:

—¡Ya, mujer, tranquilízate! Iremos a comer a la calle.

—También consigue un hotel porque se quemó la casa.

La invitación

—Vengo a invitarte a comer en la calle.

—¿De verdad?

—Sí, tú saca la mesa y yo saco las sillas.

La igualdad

La maestra en la clase de civismo preguntaba:

—¿Y será verdad que todos los hombres son iguales?

—Sí, maestra, todos los hombres son iguales, pero algunos son más "igualados" que otros.

El valiente

—A ver, Juanito, ¿qué hiciste de bueno este fin de semana?

—Le conté a mis papás todas mis travesuras, maestra.

—¡Qué valor!

—No, maestra, ¡qué memoria!

Vamos por partes

Alfredito y su familia salen de vacaciones. Ya en el hotel, el niño llama al administrador y le dice que en el cuarto hay ratones. Sube el administrador, abre la puerta del cuarto, ve un cocodrilo y grita:

—¡Un cocodrilo!

—Momento, señor, yo le llamé por los ratones, después hablamos de la humedad.

Las hermanas

Éste se trata de dos hermanas que no se llevaban bien y siempre se estaban molestando...

—Ahorita vengo, Adela, voy por mi perro.

—No lo necesitas, con esa peluca te pareces a Lassie.

¿Tanto así?

Un niño era muy exagerado para platicar lo que ocurría, y un día que le preguntó su mamá acerca de su maestra...

—Dime, Alán, ¿qué tal es tu maestra?

—Es muy mala, mamacita; es tan mala, que se encuentra con un tiburón y se muere el pobre tiburón.

De chocolate

En un salón de clases el maestro llama la atención a uno de sus alumnos:

—Oiga, jovencito, ¿cómo se atreve a fumar aquí?

—No estoy fumando, maestro...

—¡Cómo de que no!, ¿y ese cigarro?

—Es de chocolate...

—¿Ah, sí? ¿Y por qué echa humo?

—Porque está caliente el chocolate.

El acertijo de la hora

—Voy a preguntarte algo: si llegan siete muchachas al cine, y sólo encuentran dos butacas, ¿qué hora es?

—No lo sé...

—Faltan cinco para las siete.

Los deseos

—...Y recuerden, niños, que deben estudiar para poder ser algo en la vida. ¿Ustedes qué quieren ser?

—Sí, maestra, yo quiero ser astronauta.

—Y yo quiero ser maestra.

—¡Muy bien! Y tú, Adolfo, también quieres algo, ¿verdad?

—Sí, yo quiero ir al baño.

El acróbata

El empresario de un circo es entrevistado por un reportero:

—Ya le digo, caballero, ése es el mejor acróbata del mundo; tres días a la semana efectúa actos verdaderamente peligrosos...

—¿Y los otros cuatro, qué hace?

—Se los pasa en el hospital.

Campeón

—Fíjate que un corredor de la Fórmula Uno alcanzó más de 500 kilómetros por hora.

—¡Qué bárbaro!, me gustaría conocerlo.

—Pues apúrate porque está muy grave...

Adivinanza

Si en una casa viven once hermanos y cada uno de ellos tiene una hermana, ¿cuántos son en total?

—Doce.

Otra más...

Por una calle caminaban dos hombres, uno alto y otro bajito, el alto llevaba el paraguas abierto. ¿Quién de los dos se mojaba más?

—El chaparro.

—Ninguno de los dos porque no estaba lloviendo.

De aviones

El piloto de la nave avisa a sus pasajeros que están a punto de aterrizar, pero que el avión trae una falla y que deben abrocharse los cinturones...

—¿Vamos a tomar tierra?

—¡Se van a hartar!

Los hermanitos

—¡Ay, me duelen mucho mis pies!

—Pues no te pares en ellos.

Aguantadora

—¿Por qué le dicen "la grúa" a tu mamá?

—Porque aguanta mucho a mi papá.

El guisado

El niño termina de comer y le dice a su mamá:

—¡Gracias, mami, me encantaron las patas de pescado!

—No seas tonto, hijo, el pescado no tiene patas...

—Ya lo sé, yo se las quité.

Diálogo de tontitas

Dos pequeñas platicaban en su escuela:

—Oye, Carmelita, ¿el cemento lo sacan de los sementales?

—No seas tonta, Cata, el cemento lo sacan de los cementerios.

Muerte natural

—Oye, Paquín, ¿cómo murió tu abuelito?

—Pues dice mi mamá que murió de un dolor en la garganta...

—¿De anginas?

—No, lo ahorcaron.

El chinito

—¿Tú sabrás decirme cuál es el chino más pobre del mundo?

—No lo sé...

—¡Chinun chentavo!

La competencia

Varios animales compiten en una carrera, pero al llegar a la meta, el elefante aplasta a la hormiguita; le reclaman, le gritan, lo acusan, pero él se defiende diciendo:

—Yo no la quería pisar, sólo le metí la pata para que se tropezara.

El parecido

—¿En qué se parecen un niño que tiene frío y una serpentina?

—No lo sé.

—Pues en que el niño "tirita" de frío y la serpentina tirita de papel.

El espléndido

Gritaba enojada la mujer:

—¡Miserable, eres un avaro! Deberías de seguir el ejemplo del vecino, él todos los días le deja a su esposa para que se vaya al cine.

—Ya no grites, toma, vete al cine, te dejo este boleto del "metro".

¡No le hace!

—¿A ti en qué te gustaría hacer un viaje, Toño?

—¡En barco!

—¿Y si se va a pique?

—Pues nos quedamos en pique...

NO USES LA CARA TRISTE

¡MEJOR SONRÍE FELIZ!

Esta edición se imprimió en Enero de 2008. Grupo Impresor
Mexicano. Av. De Río frío No 35 México, D.F. 08510